Les mots invariables à connaître

De A à C

à
absolument
afin de
ah
ailleurs
ainsi
alors
après
assez
aujourd'hui
auprès
aussi
aussitôt
autant
autour
autrefois
autrement
avant
avec
bas
beau
beaucoup
bien
bientôt
brusquement
car
cependant
certainement
certes
chez
ci
combien
comme
comment
complètement
contre

De D à J

d'abord
dans
davantage
de
debout
dehors
déjà
delà
demain
depuis
derrière
dès
désormais
dessus
devant
donc
doucement
durant
également
eh
en
encore
enfin
ensemble
ensuite
entre
environ
et
etc.
fort
grâce
guère
haut
hier
hors
ici
jamais
jusque
là
lentement
loin
longtemps
lors
lorsque

De M à P

maintenant
mais
mal
malgré
même
mieux
moins
naturellement
ne
ni
non
oh
or
ou
oui
par
parce que
parfaitement
parfois
parmi
partout
pas
pendant
peu
plein
plus
plutôt
point
pour
pourquoi
pourtant
près
presque
profondément
puis
puisque

quand
quant à
que
quelque
rapidement
sans
selon
seulement
si
simplement
soit
soudain
sous
souvent
sur
surtout
tandis que
tant
tantôt
tard
tellement
tôt
toujours
tout
très
trop
vers
vite
voici
voilà
vraiment

Les tables de multiplication

1	2	3	4	5
1 × 0 = 0	2 × 0 = 0	3 × 0 = 0	4 × 0 = 0	5 × 0 = 0
1 × 1 = 1	2 × 1 = 2	3 × 1 = 3	4 × 1 = 4	5 × 1 = 5
1 × 2 = 2	2 × 2 = 4	3 × 2 = 6	4 × 2 = 8	5 × 2 = 10
1 × 3 = 3	2 × 3 = 6	3 × 3 = 9	4 × 3 = 12	5 × 3 = 15
1 × 4 = 4	2 × 4 = 8	3 × 4 = 12	4 × 4 = 16	5 × 4 = 20
1 × 5 = 5	2 × 5 = 10	3 × 5 = 15	4 × 5 = 20	5 × 5 = 25
1 × 6 = 6	2 × 6 = 12	3 × 6 = 18	4 × 6 = 24	5 × 6 = 30
1 × 7 = 7	2 × 7 = 14	3 × 7 = 21	4 × 7 = 28	5 × 7 = 35
1 × 8 = 8	2 × 8 = 16	3 × 8 = 24	4 × 8 = 32	5 × 8 = 40
1 × 9 = 9	2 × 9 = 18	3 × 9 = 27	4 × 9 = 36	5 × 9 = 45
1 × 10 = 10	2 × 10 = 20	3 × 10 = 30	4 × 10 = 40	5 × 10 = 50

6	7	8	9
6 × 0 = 0	7 × 0 = 0	8 × 0 = 0	9 × 0 = 0
6 × 1 = 6	7 × 1 = 7	8 × 1 = 8	9 × 1 = 9
6 × 2 = 12	7 × 2 = 14	8 × 2 = 16	9 × 2 = 18
6 × 3 = 18	7 × 3 = 21	8 × 3 = 24	9 × 3 = 27
6 × 4 = 24	7 × 4 = 28	8 × 4 = 32	9 × 4 = 36
6 × 5 = 30	7 × 5 = 35	8 × 5 = 40	9 × 5 = 45
6 × 6 = 36	7 × 6 = 42	8 × 6 = 48	9 × 6 = 54
6 × 7 = 42	7 × 7 = 49	8 × 7 = 56	9 × 7 = 63
6 × 8 = 48	7 × 8 = 56	8 × 8 = 64	9 × 8 = 72
6 × 9 = 54	7 × 9 = 63	8 × 9 = 72	9 × 9 = 81
6 × 10 = 60	7 × 10 = 70	8 × 10 = 80	9 × 10 = 90

L'année de CE2

▶▶▶▶▶ Cet ouvrage a été rédigé par une équipe de professeurs des écoles.

Laurence Chafaa
Aline Clavier
Francine Martineau

Illustrations

Claire Laffargue (Français)
Mathieu Demore (Maths)
Hélène Fuggetta, Eddy Krähenbühl, Vincent Landrin (Espace, Temps, EMC, Sciences)
Cristina Shiilia (Anglais)

Bordas

Mode d'emploi

Dans cet ouvrage, vous trouverez **toutes les notions de la classe de CE2**, discipline par discipline, pour accompagner votre enfant tout au long de son année.

Chaque matière est identifiée par une couleur facile à repérer grâce aux onglets.

Chaque thème du programme est présenté sur une double-page, qui s'articule autour de **trois grandes étapes** : Savoir, Savoir-faire, Faire.

+ LE COIN DES PARENTS

Des **infos et astuces concrètes** pour aider votre enfant et comprendre l'enjeu de la leçon

Savoir

Les **notions essentielles de la leçon** à apprendre et à mémoriser

+ Je démarre !

Un **exercice lanceur** pour démarrer en douceur la leçon

Savoir faire

Des **méthodes concrètes** pour mettre en œuvre les connaissances acquises

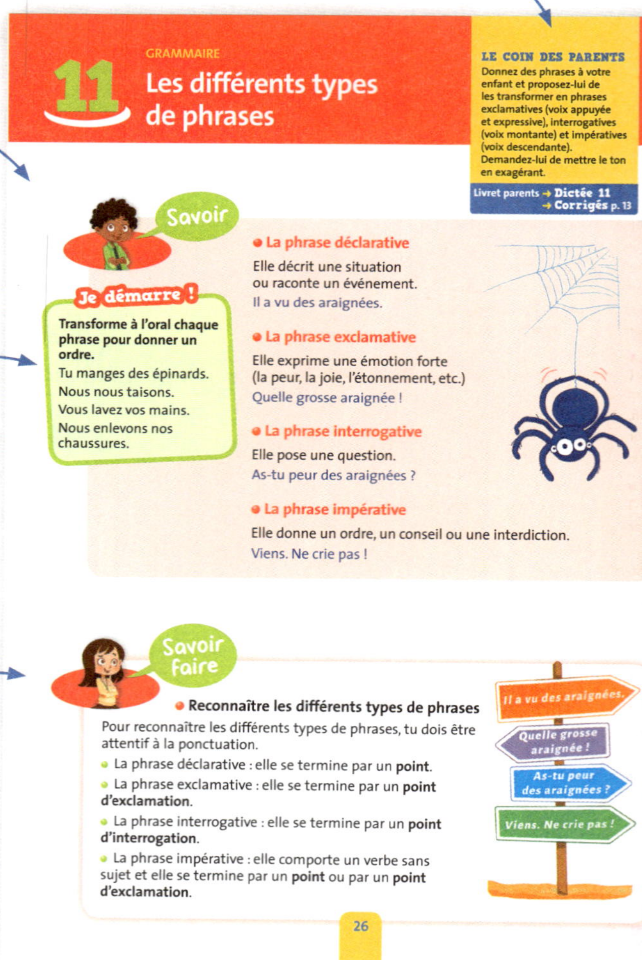

GRAMMAIRE

11 Les différents types de phrases

LE COIN DES PARENTS

Donnez des phrases à votre enfant et proposez-lui de les transformer en phrases exclamatives (voix appuyée et expressive), interrogatives (voix montante) et impératives (voix descendante). Demandez-lui de mettre le ton en exagérant.

Livret parents → Dictée 11 → Corrigés p. 13

Savoir

Je démarre !

Transforme à l'oral chaque phrase pour donner un ordre.

Tu manges des épinards.
Nous nous taisons.
Vous lavez vos mains.
Nous enlevons nos chaussures.

- **La phrase déclarative**
  Elle décrit une situation ou raconte un événement.
  Il a vu des araignées.
- **La phrase exclamative**
  Elle exprime une émotion forte (la peur, la joie, l'étonnement, etc.)
  Quelle grosse araignée !
- **La phrase interrogative**
  Elle pose une question.
  As-tu peur des araignées ?
- **La phrase impérative**
  Elle donne un ordre, un conseil ou une interdiction.
  Viens. Ne crie pas !

Savoir faire

- **Reconnaître les différents types de phrases**

Pour reconnaître les différents types de phrases, tu dois être attentif à la ponctuation.

- La phrase déclarative : elle se termine par un **point**.
- La phrase exclamative : elle se termine par un **point d'exclamation**.
- La phrase interrogative : elle se termine par un **point d'interrogation**.
- La phrase impérative : elle comporte un verbe sans sujet et elle se termine par un **point** ou par un **point d'exclamation**.

26

© Bordas/SEJER, Paris, décembre 2018 – ISBN 978-204-735713-2

+ Des outils pédagogiques

très utiles pour accompagner votre enfant :

- Les 11 verbes à connaître au CE2
- Les mots invariables
- Les tables de multiplication
- Une carte de France
- Une frise chronologique

Faire

Des exercices variés et progressifs pour s'entraîner

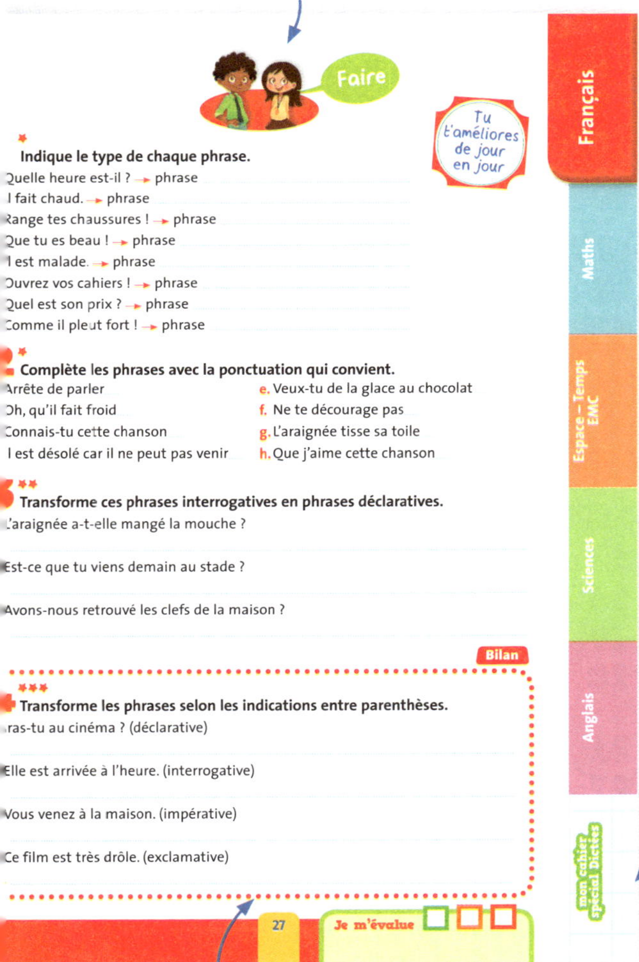

Indique le type de chaque phrase.
Quelle heure est-il ? → phrase
Il fait chaud. → phrase
Range tes chaussures ! → phrase
Que tu es beau ! → phrase
Il est malade. → phrase
Ouvrez vos cahiers ! → phrase
Quel est son prix ? → phrase
Comme il pleut fort ! → phrase

Complète les phrases avec la ponctuation qui convient.
Arrête de parler
Oh, qu'il fait froid
Connais-tu cette chanson
Il est désolé car il ne peut pas venir
e. Veux-tu de la glace au chocolat
f. Ne te décourage pas
g. L'araignée tisse sa toile
h. Que j'aime cette chanson

Transforme ces phrases interrogatives en phrases déclaratives.
L'araignée a-t-elle mangé la mouche ?
Est-ce que tu viens demain au stade ?
Avons-nous retrouvé les clefs de la maison ?

Bilan
Transforme les phrases selon les indications entre parenthèses.
Iras-tu au cinéma ? (déclarative)
Elle est arrivée à l'heure. (interrogative)
Vous venez à la maison. (impérative)
Ce film est très drôle. (exclamative)

27 Je m'évalue

+ Bilan

Un exercice final pour vérifier la compréhension de la notion

+ Un livret parent détachable

avec :

- Des conseils pratiques
- 28 dictées
- Tous les corrigés

+ mon cahier spécial Dictées

Pratique !

Un cahier à la fin de l'ouvrage pour écrire ses dictées

Sommaire

Français

LEXIQUE

GRAMMAIRE

CONJUGAISON

ORTHOGRAPHE

LECTURE / ÉCRITURE

Maths

NOMBRES ET CALCULS

GRANDEURS ET MESURES

ESPACE ET GÉOMÉTRIE

Espace – Temps EMC

ESPACE

TEMPS

EMC

Sciences

Anglais

+ Des outils pédagogiques

1 Les niveaux de langue

LE COIN DES PARENTS
Jouez au jeu des synonymes en donnant un nom commun, un adjectif ou un verbe à votre enfant et en lui demandant de trouver l'équivalent en langage courant ou soutenu. Puis inversez les rôles.

Livret parents → **Dictée 1**
→ **Corrigés** p. 12

Je démarre !

Associie chaque mot familier à sa signification.

panard	☐	☐	gifle
baffe	☐	☐	argent
fric	☐	☐	aimer
kiffer	☐	☐	pied
veine	☐	☐	chance

Il existe trois niveaux de langue :

– le langage **familier**, utilisé avec des copains ou des gens très proches ;
File-moi ta bagnole !

– le langage **courant**, utilisé dans la vie de tous les jours ;
Prête-moi ta voiture.

– le langage **soutenu**, utilisé pour parler très convenablement ou pour rédiger un texte.
Puis-je emprunter ton automobile ?

Le niveau de langue dans une phrase dépend :

– du choix des **noms**, des **adjectifs** ou des **verbes** utilisés ;
bouquin/livre/ouvrage, froussard/peureux/craintif, bousiller/casser/endommager

– du **ton utilisé** (ordre donné, demande polie, etc.) ;
Taisez-vous !/Pouvez-vous vous taire ?/Pourriez-vous vous taire s'il vous plaît ?

– de la **façon d'articuler les mots**.
T'as des sous ?/Tu as des sous ?

Passer d'un niveau de langage à un autre

À partir du niveau de langage familier, tu peux passer à un langage courant ou à langage soutenu en modifiant les noms communs, les adjectifs ou les verbes.

Sophie est **à la bourre**, elle doit **se grouiller**.

Sophie est **à la traîne**, elle doit **se dépêcher**.

Sophie est **en retard**, elle doit **se hâter**.

1 *
Entoure le mot qui appartient au langage familier.

a. salades – mensonges
b. peur – trouille
c. voler – piquer
d. manger – bouffer
e. boulot – travail
f. souler – agacer

2 *
Entoure le mot qui appartient au langage soutenu.

a. drôle – amusant
b. égarer – perdre
c. manquer – rater
d. donner – remettre
e. gosse – enfant
f. minus – petit

3 **
Range les mots dans le tableau en fonction de leur niveau de langue :
fatigué – une demeure – s'esclaffer – une baraque – las – se bidonner – crevé – une maison – rire.

langage familier	langage courant	langage soutenu

4 **
Écris chaque phrase en langage courant.

a. La bécane de mon frère fait du boucan. → ....

b. Ma frangine n'a plus un radis. → ....

c. Je n'ai pas de bol, je me suis étalé. → ....

Bilan

5 ***
Écris trois phrases en respectant les consignes.

a. Une phrase en langage familier avec l'un de ces mots : laid – hideux – moche.

....

b. Une phrase en langage courant avec l'un de ces mots : fringues – habits – vêtements.

....

c. Une phrase en langage soutenu avec l'un de ces mots : sangloter – pleurer – chialer.

....

2 Les noms génériques

LE COIN DES PARENTS
Lancez des défis à votre enfant ! Proposez un nom générique : celui qui trouve le plus de noms appartenant à cette catégorie marque un point et peut à son tour proposer un autre nom générique.

Livret parents → **Dictée 2**
→ **Corrigés** p. 12

Savoir

Je démarre !

Barre les intrus.

- haricot – banane – carotte – poireau
- pie – chien – moineau – aigle
- gomme – marteau – tournevis – lime

Le nom générique

- Il a un sens général : fruit.
- Il désigne un ensemble de **noms particuliers** qui ont un point commun : pomme, orange, mûre, kiwi, ananas, etc.

Savoir faire

Trouver le nom générique

Pour trouver le nom générique, tu dois réfléchir au critère commun qui rassemble plusieurs noms.

Noms particuliers : clarinette, tambour, guitare, piano.
→ Critère commun : instruments de musique.

Remarque Souvent, le nom générique se trouve dans la définition du dictionnaire du nom particulier.

Piano, nom masculin : instrument de musique à clavier à cordes frappées.

Trouver des noms particuliers

Pour trouver des noms particuliers, tu dois chercher des exemples du nom générique :

Nom générique : ville. → Exemples : Paris, Marseille, Lyon, etc.
Nom générique : couleur. → Exemples : rouge, bleu, vert, jaune, etc.

1 * Termine d'écrire les phrases avec un nom générique.

a. Les chaussettes, le pull, la chemise, le t-shirt et le manteau sont des ....

b. France, Italie, Canada, Irlande, Russie sont des ....

c. La rose, le lilas, le muguet, le coquelicot, la pivoine sont des ....

d. Un collier, une bague, des boucles d'oreilles, un bracelet sont des ....

e. Janvier, février, mars, avril sont des ....

2 * Recopie les noms suivants dans la colonne qui lui convient :

policier – sucette – chat - lundi – boulanger – chewing-gum – dimanche – cheval.

jour	animal	bonbon	métier
....	....	....	....
....	....	....	....

3 ** Coche si la phrase est correcte.

a. Le flan est un gâteau. ☐

b. Tous les gâteaux sont des flans. ☐

c. Tous les meubles sont des canapés. ☐

d. Le canapé est un meuble. ☐

4 ** Recopie en remplaçant chaque nom générique par un nom particulier.

a. Claire apporte un bouquet de <u>fleurs</u> pour célébrer l'<u>événement</u>. → ....

....

b. J'ai préparé un <u>gâteau</u> avec des <u>ingrédients</u>. → ....

....

c. Ma sœur porte un <u>habit</u> rouge et des <u>chaussures</u> blanches. → ....

....

Bilan

5 *** En t'aidant du dictionnaire, indique à quel nom générique renvoient ces mots.

a. L'auriculaire est ....

b. Le faucon est ....

c. La renoncule est ....

d. Le drakkar est ....

e. Le millefeuilles est ....

LEXIQUE

3 Les différents sens d'un mot

LE COIN DES PARENTS
Incitez votre enfant à utiliser le dictionnaire pour chercher la définition des mots qu'il ne connaît pas. Plus il utilisera cet outil et plus il sera rapide pour se repérer et trouver la page qu'il cherche.

Livret parents → **Dictée 3**
→ **Corrigés** p. 12

Je démarre !

Écris le nom qui désigne les deux images.

....

Un mot peut avoir plusieurs sens

Le nom féminin « glace » a trois significations possibles.

Élise s'admire dans la glace. → le miroir.

Elle aime la glace à la fraise. → la crème glacée.

Il y a de la glace dans le caniveau. → l'eau gelée.

Remarque Parfois, ces significations ont des liens entre elles. Par exemple, la glace à la fraise a la même consistance que la glace dans le caniveau.

Sens propre et sens figuré

- Le sens le plus courant d'un mot, le plus concret, est appelé **sens propre**. C'est le premier sens donné par le dictionnaire.

La lune est l'unique satellite de la Terre. (Il s'agit de l'astre qui tourne autour de la Terre.)

- Le sens plus imagé d'un mot est appelé **sens figuré**.

Ma sœur est souvent dans la lune. (Cela signifie qu'elle est distraite et non pas qu'elle habite dans la lune.)

Comprendre le sens d'un mot

- Si tu butes sur un mot inconnu, relis les phrases qui viennent avant et après pour mieux comprendre de quoi parle l'auteur.
- Tu peux aussi utiliser le dictionnaire, qui te donnera les différents sens possibles d'un même mot.
- Enfin, tu peux aussi chercher à quoi te fait penser ce mot inconnu en trouvant un mot de la même famille.

Clownesque fait penser à clown. C'est donc peut-être quelque chose qui fait rire.

Le contexte te confirmera ou non cette hypothèse.

1 * Entoure la définition correcte du mot en gras.

a. Au restaurant, nous avons partagé la **note**. → addition – son – résultat

b. La petite aiguille **marque** les heures. → grave – trace – indique

c. Il est tombé de vélo et s'est cassé une **côte**. → montée – bord de mer – os du corps

d. Le **pèlerin** attrape la souris en plein vol. → fidèle – oiseau – requin

2 ** Indique SP pour sens propre et SF pour sens figuré.

Continue c'est par LÀ !

a. 1. J'aime la tarte aux pommes. (……)
2. Il a peur et il est tombé dans les pommes. (……)
3. Mon père a une grosse pomme d'Adam. (……)

b. 1. Il a oublié son cartable, quelle tête de linotte ! (……)
2. Je suis tombée la tête la première. (……)
3. Tu m'as raconté une histoire sans queue ni tête. (……)

c. 1. Ses chaussures sont neuves et lui ont fait des ampoules au pied. (……)
2. Tous les matins, ma mère prend une ampoule de vitamine C. (……)
3. L'ampoule du plafonnier ne s'allume plus. (……)

3 ** Complète ces expressions avec le nom qui convient :

salades – banane – radis – pêche.

a. Être en forme. → avoir la ……………………

b. Sourire. → avoir la ……………………

c. Mentir. → raconter des ……………………

d. Être sans argent. → ne pas avoir un ……………………

Bilan

4 *** Trouve les solutions des devinettes.

a. Mon ami Pierrot me prête la sienne et les oiseaux en ont sur leurs ailes.

……………………

b. Elle sert en classe à tracer des traits droits et les jeux de société en possèdent une.

……………………

c. Elle rentre en premier dans la serrure pour ouvrir la porte de la maison et le garagiste s'en sert pour serrer les vis.

……………………

d. C'est un gâteau au chocolat et on les voit dans le ciel quand il y a des orages.

……………………

Je m'évalue ☐ ☐ ☐

LEXIQUE

4 Les préfixes et les suffixes

LE COIN DES PARENTS

Les préfixes et les suffixes sont très nombreux et il n'est pas demandé de tous les connaître à l'école élémentaire. Le plus important pour votre enfant est d'identifier le radical afin de retrouver le sens du mot.

Livret parents → **Dictée 4**
→ **Corrigés** p. 12

Je démarre !

Entoure les verbes pour lesquels, quand on remplace le préfixe re- par dé-, on obtient un autre verbe qui existe.

remonter – rebondir – refuser – recoller – recouvrir – regarnir – relancer – relever – remuer

Les préfixes

Ce sont des éléments d'une ou plusieurs lettres qui se placent **devant le radical** d'un nom, d'un adjectif ou d'un verbe pour en modifier le sens. lancer → **re**lancer

Les suffixes

Ce sont des éléments d'une ou plusieurs lettres qui se placent **derrière le radical** d'un nom, d'un adjectif ou d'un verbe pour en modifier **le sens** ou **la nature**.

dent (nom commun) → dentiste (nom commun)
lent (adjectif) → lenteur (nom commun)
vol (nom commun) → voler (verbe)

Sens des préfixes les plus courants

préfixe	signification	exemple
re-	la répétition	**re**lire, **re**partir
dé-, **mal-**, **in-**, **il-**, **ir-**	le contraire	**dé**conseiller, **mal**heureux
en-, **em-**	dans, à l'intérieur	**en**fermer, **em**baller
bi-, **bis-**, **di**, **tri-**, **multi-**	deux, trois, plusieurs	**bi**cyclette, **tri**cycle, **multi**colore
pré-, **sur-**	avant, au-dessus	**pré**histoire, **sur**passer
para-, **anti-**	la protection, contre	**para**pluie, **anti**bruit

Sens des suffixes les plus courants

suffixe	signification	exemple
-et, **-on**	rend plus petit	garçonn**et**, caban**on**
-able, **-ible**	rend possible	buv**able**, vis**ible**
-eux, **-euse**	donne la qualité de	courag**eux**, ingéni**euse**
-age	indique une action	balay**age**
-ment	indique la manière	lente**ment**, rapide**ment**
-eur, **-euse**, **-iste**, **-ice**	occupation, métier	art**iste**, dans**euse**, actr**ice**

1 * Entoure uniquement les verbes qui possèdent un préfixe.

reconstruire – rester – dire – revenir – démarrer – décoller – détruire – dessiner – surmonter – inventer – inviter – passer

2 * Entoure uniquement les mots qui possèdent un suffixe.

un surfeur – dosette – aiglon – lentement – un juge – une sucette – la sagesse – lavable – nuageux – une danseuse – vite

3 * Écris le contraire de chaque mot en supprimant le préfixe

a. démonter → ....
b. inconnu → ....
c. anormal → ....
d. impossible → ....
e. malhonnête → ....
f. désagréable → ....
g. illogique → ....
h. irréel → ....

4 ** Réécris les mots en ajoutant un suffixe pour les transformer comme demandé.

a. Passer d'un nom à un nom :

la chasse → un ....

b. Passer d'un adjectif à un nom commun :

profond → la ....

c. Passer d'un verbe à un nom :

punir → la ....

5 ** Trouve le verbe qui correspond à chaque définition

a Rendre plus plat → ....
b. Enlever la couleur → ....
c. Rendre plus long → ....
d. Voler au-dessus → ....
e. Rendre plus mou → ....
f. Lever plus haut → ....
g. Enlever la neige → ....
h. Ôter ses habits → se ....
i. Passer au-dessus → ....

Bilan

6 *** Complète le tableau ci-dessous.

mot	préfixe	radical	suffixe
dégeler	dé	gel	er
bicyclette			
malproprement			
impatienter			
dératiser			
remerciement			

Français
Maths
Espace – Temps EMC
Sciences
Anglais
mon cahier spécial Dictées

Je m'évalue

LEXIQUE

5 Le lexique des émotions

LE COIN DES PARENTS
Il est important que votre enfant connaisse le vocabulaire pour décrire ses émotions aussi bien à l'oral qu'à l'écrit, afin de mieux les comprendre et de les maîtriser.

Livret parents → **Dictée 5**
→ **Corrigés** p. 12

Je démarre !

Entoure les noms qui correspondent à un sentiment agréable.
enthousiasme – angoisse – plaisir – satisfaction – crainte – contentement

Les émotions

L'émotion est une réaction qui s'exprime dans une situation particulière. Il existe quatre émotions principales :

Les émotions s'expriment à travers :

– le corps, le visage ou différents gestes ;
sourire, pleurer, prendre son visage à deux mains, froncer les sourcils
– les mots que l'on prononce ;
« Youpi ! », « Mon chat s'est sauvé ! », « Maman, j'ai peur ! », « Taisez-vous ! »
– l'intonation de la voix.
voix montante ou descendante, volume fort ou faible, ton grave ou aigu.
La peur peut provoquer un cri très bref et très aigu par exemple.

Exprimer ses émotions

Il existe un vocabulaire spécifique pour exprimer les émotions :
– des noms ; la frayeur, la déception, l'angoisse
– des adjectifs ; heureux, abattu, terrifié, énervé
– des verbes ; rire, sangloter, hurler, agresser
– des expressions. fou de joie, pleurer comme une madeleine, blanc de peur, vert de rage

1 * Trouve le nom commun qui correspond à l'adjectif souligné.

a. C'est <u>honteux</u> ! → la ....

b. Que tu es <u>impatient</u>, prends ton temps ! → l' ....

c. Pourquoi es-tu <u>surpris</u>. → la ....

d. Il est <u>jaloux</u> de tout ! → la ....

e. Nous sommes <u>déçus</u> de cet échec. → la ....

f. Elle est <u>terrifiée</u> par l'araignée. → la ....

2 * Colorie les étiquettes selon l'émotion ressentie.

JOIE	TRISTESSE	PEUR	COLÈRE

craindre	injurier	l'irritation
le bien-être	paniquer	les sourcils froncés
le chagrin	la gaieté	le sourire

3 ** Relie chaque phrase à l'émotion suscitée (plusieurs flèches sont possibles).

a. Égarer son livre préféré •
b. Revoir un ami •
c. Perdre le match de foot •
d. Rouler trop vite en voiture •

• la joie •
• la tristesse •
• la peur •
• la colère •

• e. Se faire voler son vélo
• f. Se faire punir
• g. Fêter son anniversaire
• h. Entrer dans la cage aux lions

Bilan

4 *** À quelle émotion te fait penser chacune de ces expressions ?

a. Être aux anges. → la ....

b. Prendre ses jambes à son cou. → ....

c. La moutarde me monte au nez. → ....

d. Avoir des sueurs froides. → ....

e. Sortir de ses gonds. → ....

f. Faire les gros yeux. → ....

g. Avoir le cœur léger. → ....

Je m'évalue ☐ ☐ ☐

GRAMMAIRE

6 Les classes de mots

LE COIN DES PARENTS
Apprenez à votre enfant qu'il peut reconnaître un nom car il peut écrire un ou une devant, et qu'il peut reconnaître un verbe en le conjuguant avec je, tu, il, elle, on, nous, vous, ils ou elles placés devant.

Livret parents → **Dictée 6**
→ **Corrigés** p. 12

Savoir

Je démarre !

Remets les mots dans l'ordre à l'oral pour construire une phrase qui a du sens.

loup
Séguin le de
mangea
chèvre la matin
monsieur et
toute La se
puis battit
. nuit

La classe grammaticale

La classe grammaticale d'un mot désigne ce qu'il est. On parle aussi de nature du mot. Les mots d'une même classe suivent des règles communes d'orthographe.

Les différentes classes ou natures grammaticales des mots

Il existe six classes ou natures grammaticales :
Blanquette est une petite chèvre. Elle saute vite par la fenêtre et part gambader vers les sommets.

– le nom : nom commun (chèvre, sommets) ou nom propre (Blanquette) ;
– le pronom personnel (elle) ;
– le déterminant (une, la, les) ;
– l'adjectif (petite) ;
– le verbe (est, saute, part, gambader) ;
– les mots invariables (vite, et, vers).

Savoir faire

Reconnaître les différentes classes de mots

Après chaque mot inscrit dans le dictionnaire, tu trouves la classe du mot écrite en lettres abrégées :

n.m. ou n.f. → nom commun masculin ou féminin
n. p. → nom propre
adj. → adjectif
v. → verbe
pron. pers. → pronom personnel

Reconnaître les mots invariables

- Les mots invariables s'écrivent toujours de la même façon.
rapidement, beaucoup, encore, aussitôt, souvent, etc.
- Tu peux les reconnaître car ils ont des fonctions particulières :

– ils modifient le sens du verbe en apportant des précisions : où, quand et comment se déroule l'action.
Elle saute. → **Soudain**, elle saute **prestement par** la fenêtre.
– ils peuvent aussi relier des mots entre eux ou deux parties d'une phrase.
Blanquette s'ennuie **et** se languit **car** elle est attachée.

1 * Place les mots suivants dans la liste qui lui convient :

tu – aigle – chez – le – attacher – petit.

a. brouter – gambader – se sauver – dévorer – ....
b. chèvre – chamois – loup – vache – marmotte – ....
c. nous – elle – je – vous – ils – on – il – ....
d. des – une – mon – ce – la – un – ses – ....
e. doux – blanc – poilu – joli – noir – ....
f. voilà – ensuite – mais – longtemps – demain – ....

Tu vas réussir !

2 * Colorie de la même couleur les mots de la même classe.

je	Pierre	la	il	pointu
sommet	parfois	mangeait	triste	attraper

3 ** Cherche ces mots dans le dictionnaire et indique leur classe grammaticale.

a. oiseux : ....
b. vitupérer : ....
c. cliqueter : ....
d. manigance : ....

4 ** Remplace chaque mot souligné par un mot de la même classe grammaticale.

a. La petite chèvre se bat/ .... jusqu'à l'aube.
b. Monsieur Séguin/ .... achète une nouvelle chèvre/ ....
c. Elle/ .... a de jolis sabots luisants/ ....

Bilan

5 *** Classe les mots soulignés.

Ah ! Gringoire, qu'elle était jolie la petite chèvre de Monsieur Séguin ! Qu'elle était jolie avec ses yeux doux, sa barbiche de sous-officier, ses sabots noirs et luisants, ses cornes zébrées et ses longs poils blancs qui lui faisaient une houppelande !

Alphonse Daudet, extrait de *La chèvre de monsieur Seguin.*

a. Noms : ....
b. Déterminants : ....
c. Adjectifs : ....
d. Pronoms personnels : ....
e. Verbes : ....
f. Mots invariables : ....

GRAMMAIRE

7 L'article défini et l'article indéfini

LE COIN DES PARENTS
Votre enfant reconnaîtra facilement les articles définis et indéfinis s'il en connaît la liste par cœur. Sensibilisez-le à la contraction des articles avec « à » et avec « de ».

Livret parents → **Dictée 7**
→ **Corrigés** p. 12

Les articles

- Ils appartiennent à la classe des déterminants.
- Ils se placent toujours avant le nom commun.

un paysage, **la** rivière, **des** nuages

Remarque Un adjectif peut parfois séparer le nom de l'article.

un **magnifique** paysage — des **gros** nuages

Article défini ou indéfini ?

- Les **articles définis** sont **le**, **la**, **les** et **l'**. Ils désignent une personne, un animal ou une chose précise.

le château, **la** montagne, **l'**église, **les** arbres

- Les **articles indéfinis** sont **un**, **une** ou **des**. Ils désignent une personne, un animal ou une chose non précisée.

un arbre, **une** maison, **des** buissons

Je démarre !

Complète la description du paysage.

Sur .... image, ... village paraît tout petit et .... neige recouvre .... sommets .... montagnes.

Genre et nombre des articles

- **un** et **le** déterminent un **nom masculin singulier** : un château, le château.
- **une** et **la** déterminent un **nom féminin singulier** : une rivière, la rivière.
- **des** et **les** déterminent un **nom masculin pluriel ou féminin pluriel** : des nuages, les nuages.
- **l'** détermine un **nom masculin singulier ou féminin singulier** commençant par une voyelle : l'arbre, l'heure.

Genre des articles définis et indéfinis au pluriel

Pour connaître le genre des noms au pluriel, tu dois les mettre au singulier.

des nuages est un nom commun masculin pluriel car on dit **un** nuage au singulier.

Remarque On ne peut pas dire « à le », « à les », « de le » et « de les ». Il faut les contracter.

« à le » → **au** ; « à les » → **aux** ; « de le » → **du** ; « de les » → **des**

Il part **du** lycée pour aller **au** cinéma. Elles vont **aux** toilettes. Ils sortent **des** cours.

1 * Complète avec l'article défini qui convient.

a. .... autocar
b. .... camion
c. .... voitures
d. .... hélicoptère
e. .... taxi
f. .... automobile
g. .... tramway
h. .... fusée
i. .... trottinettes
j. .... paquebot
k. .... péniches
l. .... pirogue

2 * Complète avec l'article indéfini qui convient.

a. .... ascenseur
b. .... barques
c. .... brouette
d. .... camion
e. .... charrette
f. .... deltaplanes
g. .... pédalo
h. .... locomotives
i. .... téléphérique
j. .... sous-marins
k. .... train
l. .... planche à voile

3 * Complète les phrases avec au, aux, du ou des.

a. Hier, vous avez pris le bateau pour aller .... bout de l'île.
b. La fusée revient .... cosmos avec des informations sur la planète Mars.
c. Pensez .... orages et rangez vos vélos dans le garage.
d. Il circule en trottinette sur les voies .... autocars. C'est dangereux !
e. Le taxi nous emmène .... terminal .... départs.

4 ** Complète le mode d'emploi de fabrication de la catapulte à boulettes avec des articles définis ou indéfinis

a. Décore .... gobelet avec .... feutres et écris ton prénom avec .... crayon à papier. Coupe .... fond .... gobelet.
b. Coupe .... extrémité arrondie .... ballon et fais .... nœud à .... autre extrémité.
c. Enfile .... ballon sur .... fond .... gobelet qui a été découpé.
d. .... catapulte est prête !

Bilan

5 *** Souligne les noms déterminés par un article défini ou indéfini.

« Le train, maintenant, roulait à toute vitesse, sur le plateau qui va de Bolbec à Sotteville. Il devait filer d'un trait à Paris, sans arrêt aucun, sauf aux points marqués pour prendre de l'eau. L'énorme masse, les dix-huit wagons, chargés, bondés de bétail humain, traversaient la campagne noire, dans un grondement continu. »

Émile Zola, extrait de *La Bête humaine*.

Je m'évalue

GRAMMAIRE

8 Le groupe nominal

LE COIN DES PARENTS
Il est important que votre enfant comprenne que le nom est le chef du groupe nominal et que l'orthographe du déterminant et de l'adjectif se fera en fonction de ce nom.

Livret parents → **Dictée 8**
→ **Corrigés** p. 12

Je démarre !

Remets les mots à leur place pour reconstituer ce proverbe ancien
les – temps – le – crapauds – beau
Quand ....
chantent,
....
s'avance.

Définition du groupe nominal

- Le groupe nominal est formé de plusieurs mots dont le **nom** est l'élément principal. Ce nom est appelé **noyau** du groupe nominal.
- Le nom est au minimum accompagné d'un **déterminant**.

Une averse se prépare.
déterminant + nom

L'adjectif dans le groupe nominal

- Dans un groupe nominal, un **adjectif** peut s'intercaler entre le déterminant et le nom.

Lucie ouvre **un grand parapluie**.

- L'adjectif peut aussi s'ajouter après le nom.

Lucie ouvre **un parapluie rouge**.

Dans les deux cas, l'adjectif a pour **fonction** d'être **épithète du nom** et s'accorde en genre et en nombre avec le nom qu'il qualifie.

Remarque Plusieurs adjectifs peuvent entourer un même nom. Dans ce cas, ils sont tous épithètes du nom qu'ils qualifient.

Lucie ouvre **un grand parapluie rouge**.

L'accord dans le groupe nominal

Comme le nom est le noyau du groupe nominal, il donne le genre (féminin ou masculin) et le nombre (singulier ou pluriel) aux autres éléments du groupe (déterminants et adjectifs).

un beau **nuage** bleu → des beaux **nuages** bleus
(masculin/singulier) → (masculin/pluriel)

la jeune **fille** blonde → les jeunes **filles** blondes
(féminin/singulier) → (féminin/pluriel)

1 ★ Souligne les groupes nominaux.

a. La pluie tombe fort.

b. Moi, j'ai emporté un imperméable jaune et mes bottes noires.

c. Tu as pris ton parapluie.

d. Bientôt, les nuages gris partiront et un chaud soleil reviendra.

2 ★ Écris MS pour masculin singulier, MP pour masculin pluriel, FS pour féminin singulier et FP pour féminin pluriel.

a. la pluie verglaçante (.........)

b. l'épais brouillard (.........)

c. des orages violents (.........)

d. un soleil chaud (.........)

e. une grêle soudaine (.........)

f. des tornades fréquentes (.........)

g. des vents froids (.........)

h. les neiges éternelles (.........)

3 ★★ Réécris les groupes nominaux de l'exercice 2 en changeant leur nombre.

a. ....

b. ....

c. ....

d. ....

e. ....

f. ....

g. ....

h. ....

4 ★★ Utilise les groupes nominaux de l'exercice 2 pour remplacer les pronoms personnels sujets.

a. Ils soufflent fort. ....

b. Elle tombe sans arrêt. ....

c. Il brille à nouveau. ....

Bilan

5 ★★★ Souligne les noms en bleu, les déterminants en vert et les adjectifs épithètes en rouge.

a. Le joli printemps est ma saison préférée.

b. Il est patient : il attend que cette pluie fine cesse.

c. Le facteur a pédalé contre le vent violent, il semble épuisé.

d. De gros grêlons tombent sur les trottoirs et ils deviennent vite glissants.

GRAMMAIRE

9 Le verbe et son sujet

LE COIN DES PARENTS
Comprendre la grammaire, c'est d'abord savoir identifier le verbe et son sujet pour comprendre le sens de la phrase et effectuer les accords correctement.

Livret parents → **Dictée 9**
→ **Corrigés** p. 13

Je démarre !

Entoure les mots qui sont à la fois un nom et un verbe :
ami – lit – rangera – rire – avez – lance

Le sujet et le verbe sont les éléments principaux d'une phrase.

Ils peuvent prendre plusieurs formes.

- Le sujet peut être :
  – un nom propre ;
  Élise
  – un groupe nominal ;
  la fille blonde
  – un pronom personnel.
  elle

- Le verbe peut être :
  – un verbe conjugué seul ;
  Elle lit.
  – un verbe conjugué suivi d'un ou plusieurs compléments.
  Elle lit dans son lit.

Identifier le verbe

- Quand on change le temps de la phrase, le verbe est le seul mot qui change.

Aujourd'hui, les amis jouent ensemble. → Hier, les amis jouaient ensemble. → Demain, les amis joueront ensemble.

- Tu peux aussi mettre la phrase au présent et à la forme négative en utilisant « ne » et « pas », qui se placent avant et après le verbe.

Les amis ont joué ensemble. → Les amis ne jouent pas ensemble.

L'accord du verbe

Le verbe s'accorde avec son sujet. Tu dois identifier le sujet et te demander s'il est au singulier ou au pluriel et à quelle personne de conjugaison il correspond.

Le soleil brille. → Il brille.

L'étoile brille. → Elle brille.

Les garçons jouent. → Ils jouent.

Les filles dansent. → Elles dansent.

1 * Souligne les verbes en rouge et les sujets en vert.

Tom aime la géographie. Tous les ans, il apporte à l'école son atlas et il le montre à ses camarades. L'an dernier, le jeune garçon a présenté un exposé sur les montagnes françaises. Sais-tu que le mont Blanc est le plus haut sommet de France ?

2 ** Souligne le ou les sujets de chaque phrase et indique leur nature : nom propre (NP), groupe nominal (GN), groupe nominal avec adjectif (GNA), pronom personnel (PP).

a. La maîtresse ouvre le portail de l'école.

....

b. Il est midi, le cours est terminé et nous avons faim.

....

c. Pierre apprend attentivement sa poésie.

....

d. Les élèves dociles se rangent par deux et ils montent en classe.

....

3 ** Souligne les sujets et accorde les verbes au présent avec -e ou -ent.

a. Aujourd'hui, le berger emmèn.......... ses bêtes dans les alpages.

b. Les vaches sort.......... de l'étable et prenn.......... le chemin de la montagne.

c. La chienne Priska guid.......... les bêtes.

d. Elle aboi.......... excitée par cette sortie.

Bilan

4 *** Écris un autre sujet en suivant les indications données entre parenthèses.

a. Il (nom propre) .... termine son exercice mais il (groupe nominal avec adjectif) .... a oublié d'écrire la consigne.

b. Elles (groupe nominal sans adjectif) .... se rangent deux par deux et les élèves (pronom personnel) .... descendent dans la cour.

c. Il (groupe nominal sans adjectif) .... surveille la récréation. Il (nom propre) .... aide une élève à se relever.

Je m'évalue

GRAMMAIRE

10 Les compléments

LE COIN DES PARENTS

Incitez votre enfant à compléter ses phrases pour préciser sur qui porte l'action du verbe, où, quand et comment elle se déroule. Il enrichira ainsi son expression en utilisant des compléments.

Livret parents → Dictée 10
→ Corrigés p. 13

Je démarre !

Complète les phrases pour leur donner du sens avec les mots suivants : la voiture – un os – les buts – sa niche – le ballon

Le chien ronge .... dans ....

Maman lave ....

Le footballeur court vers .... avec ....

Les compléments

Dans une phrase, on trouve au minimum un **sujet** et un **verbe**. On peut aussi ajouter des mots pour **préciser** :

– **sur quoi** ou **sur qui** porte l'action du verbe ; Maman construit une cabane pour Leïla.

– **où** se déroule l'action du verbe ; Elle travaille dans le jardin.

– **quand** se déroule l'action du verbe ; Hier, il pleuvait.

– **comment** se déroule l'action du verbe ; Maman travaille vite.

Cette information supplémentaire s'appelle un **complément**.

Trouver un complément

Après le verbe, tu peux poser la question **qui**, **quoi**, **à qui**, **pour qui**, **à quoi**, **où**, **quand** ou **comment**.

Maman construit **quoi** **(une cabane)** **pour qui** **(Leïla)** ?

Elle travaille **où** ? **(dans le jardin)**

Il pleuvait **quand** ? **(Hier)**

Maman travaille **comment** ? **(vite)**

Connaître la nature des compléments

Le complément peut être :

– un nom propre ; Je rencontre **Hélène**.

– un groupe nominal avec ou sans adjectif ; J'achète **un gâteau/un gros gâteau**.

– un groupe nominal introduit par un mot invariable ; Elle joue **dans le jardin**.

– un pronom personnel ; Je **le** mange.

– un verbe à l'infinitif ; J'aime **cuisiner**.

– un mot invariable ; **Hier**, le vent a soufflé **violemment**.

1 ★ **Après chaque complément souligné, écris quel mot tu utilises pour le trouver : qui, quoi, à qui, à quoi, où, quand ou comment.**

Maman prépare un gâteau (..................). Elle ramollit le chocolat (..................) et elle verse le beurre (..................) sur le chocolat liquide (..................). Dans un saladier (..................), elle ajoute les autres ingrédients (..................), puis elle remue avec une cuillère en bois (..................). En dernier (..................), elle verse rapidement (..................) le mélange dans un moule (..................) et elle allume le four (..................). Après la cuisson (..................), elle découpera des parts (..................) et les distribuera aux enfants (..................).

2 ★★ **Souligne le verbe en rouge, le sujet en bleu et entoure les compléments en noir.**

a. Maman dessine un plan. (1 complément.)
b. Elle mesure les planches avec un mètre. (2 compléments.)
c. Avec précaution, elle scie les quatre poteaux principaux. (2 compléments.)
d. Elle cloue la porte avec son marteau. (2 compléments.)
e. Pendant plus de deux heures, elle enfonce des chevilles en bois. (2 compléments.)
f. Demain, elle assemblera le toit. (2 compléments.)

COURAGE tu y es presque

Bilan

3 ★★★ **Complète les verbes avec les compléments proposés (souligne les verbes en rouge) :**

vite – magasin de bricolage – Hier – Demain – la construction de la cabane – du coffre de sa voiture – au fond du jardin – sa camionnette – À son retour – soigneusement – tout le matériel nécessaire.

a. ...., maman est allée au .... avec ....

b. Elle a acheté ....

c. .... nous avons .... sorti les planches ....

d. ...., elle commencera ...., ...

Je m'évalue

Français · Maths · Espace – Temps EMC · Sciences · Anglais · mon cahier spécial Dictées

GRAMMAIRE

11 Les différents types de phrases

LE COIN DES PARENTS

Donnez des phrases à votre enfant et proposez-lui de les transformer en phrases exclamatives (voix appuyée et expressive), interrogatives (voix montante) et impératives (voix descendante). Demandez-lui de mettre le ton en exagérant.

Livret parents → **Dictée 11**
→ **Corrigés** p. 13

Savoir

Je démarre !

Transforme à l'oral chaque phrase pour donner un ordre.

Tu manges des épinards.

Nous nous taisons.

Vous lavez vos mains.

Nous enlevons nos chaussures.

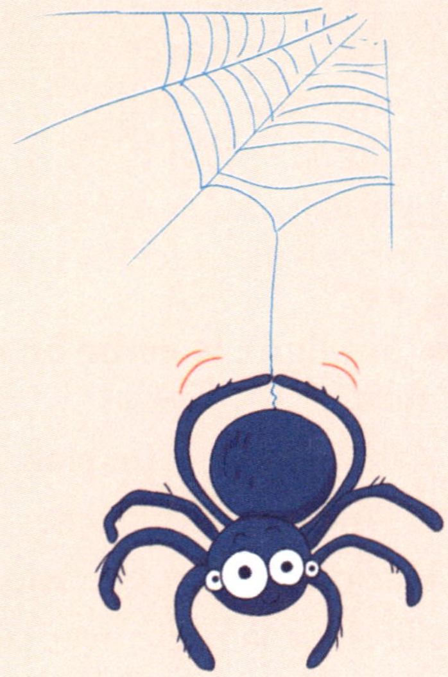

La phrase déclarative

Elle décrit une situation ou raconte un événement.

Il a vu des araignées.

La phrase exclamative

Elle exprime une émotion forte (la peur, la joie, l'étonnement, etc.)

Quelle grosse araignée !

La phrase interrogative

Elle pose une question.

As-tu peur des araignées ?

La phrase impérative

Elle donne un ordre, un conseil ou une interdiction.

Viens. Ne crie pas !

Savoir faire

Reconnaître les différents types de phrases

Pour reconnaître les différents types de phrases, tu dois être attentif à la ponctuation.

- La phrase déclarative : elle se termine par un **point**.
- La phrase exclamative : elle se termine par un **point d'exclamation**.
- La phrase interrogative : elle se termine par un **point d'interrogation**.
- La phrase impérative : elle comporte un verbe sans sujet et elle se termine par un **point** ou par un **point d'exclamation**.

Tu t'améliores de jour en jour

1 * Indique le type de chaque phrase.

a. Quelle heure est-il ? → phrase ....
b. Il fait chaud. → phrase ....
c. Range tes chaussures ! → phrase ....
d. Que tu es beau ! → phrase ....
e. Il est malade. → phrase ....
f. Ouvrez vos cahiers ! → phrase ....
g. Quel est son prix ? → phrase ....
h. Comme il pleut fort ! → phrase ....

2 * Complète les phrases avec la ponctuation qui convient.

a. Arrête de parler....
b. Oh, qu'il fait froid....
c. Connais-tu cette chanson....
d. Il est désolé car il ne peut pas venir....
e. Veux-tu de la glace au chocolat....
f. Ne te décourage pas....
g. L'araignée tisse sa toile....
h. Que j'aime cette chanson....

3 ** Transforme ces phrases interrogatives en phrases déclaratives.

a. L'araignée a-t-elle mangé la mouche ?
→ ....
b. Est-ce que tu viens demain au stade ?
→ ....
c. Avons-nous retrouvé les clefs de la maison ?
→ ....

Bilan

4 *** Transforme les phrases selon les indications entre parenthèses.

a. Iras-tu au cinéma ? (déclarative)
→ ....
b. Elle est arrivée à l'heure. (interrogative)
→ ....
c. Vous venez à la maison. (impérative)
→ ....
d. Ce film est très drôle. (exclamative)
→ ....

GRAMMAIRE

12 Le discours rapporté

LE COIN DES PARENTS

Empruntez des pièces de théâtre pour enfants à la bibliothèque. Choisissez vos personnages et jouez des passages en lisant à tour de rôle. Accompagnez les paroles avec des gestes.

Livret parents → **Dictée 12**
→ **Corrigés** p. 13

Je démarre !

Qui parle ?

« Sortez vos cahiers ! »

....

« Je vous apporte la carte des desserts. »

....

Rapporter des paroles à l'écrit

Deux procédés sont possibles.

- Le narrateur rapporte les paroles de quelqu'un sans les modifier, telles qu'il les a entendues.

Il dit : « J'ai perdu la clef de la porte !
– Non, elle est tombée sur le tapis. »

- Le narrateur rapporte les paroles de quelqu'un, mais en les modifiant pour les intégrer à son récit.

Il m'a dit qu'il avait perdu la clef de la porte. Je lui ai répondu qu'elle était tombée sur le tapis.

Connaître les signes de ponctuation du discours rapporté

- **Les deux-points** annoncent les paroles.
- **Les guillemets** indiquent que les paroles sont écrites telles qu'elles ont été prononcées. On ferme les guillemets après la dernière parole prononcée.
- **Le tiret** indique le changement de personne qui parle. Il apparaît en début de ligne à partir de la deuxième personne qui prend la parole. On va à la ligne pour chaque personne qui parle.
- Pour préciser qui parle, on peut insérer une courte phrase avec un verbe de parole :

Il me dit :
« J'ai perdu la clef de la porte !
– Non**, répondis-je,** elle est tombée sur le tapis. »

Insérer des paroles dans un récit en les modifiant

- Pour insérer des paroles dans un récit en les modifiant, on utilise des verbes de parole tels que dire, demander, penser, affirmer, déclarer, répondre, proposer, ordonner, interdire, conseiller.
- Ce verbe de parole est très souvent suivi de **que (qu')**, de **de** ou de **si**.

Jeanne dit qu'elle a perdu la clef. Tom lui répond qu'elle est tombée sur le tapis.

1 ★ Relie les phrases qui ont le même sens.

a. Il nous demande de fermer la fenêtre. ●	● « Ferme la fenêtre, frérot. »
b. Il demande à son frère de fermer la fenêtre. ●	● « Nous allons passer à table. »
c. Maman nous ordonne de passer à table. ●	● « J'ai mal au ventre, gémit-il. »
d. Maman nous propose de passer à table. ●	● « Fermez la fenêtre. »
e. Il se plaint d'avoir mal au ventre. ●	● « J'ai mal au ventre, gémit-elle. »
f. Ma sœur se plaint d'avoir mal au ventre. ●	● « À table ! »

2 ★ Souligne les verbes de parole.

a. Il déclare que son train a eu du retard.
b. Elle répond qu'elle a raté son bus.
c. Le professeur propose à Rosalie de venir au tableau.
d. Tu demandes à René s'il viendra demain.
e. Mon père nous dit de ne pas rouler à vélo sans casque.

Tu vas réussir !

3 ★★ Transforme les phrases de l'exercice 2 comme dans l'exemple.

a. Il déclare : « mon train a eu du retard. »
b. ....
c. ....
d. ....
e. ....

Bilan

4 ★★★ Place les signes de ponctuation dans ce texte adapté de « La Cigale et la Fourmi » de Jean de La Fontaine.

La Cigale crie famine chez la Fourmi sa voisine [......]

[......] Prêtez-moi quelque grain pour subsister jusqu'à la saison nouvelle. Je vous paierai avant l'août, foi d'animal, intérêt et principal.

[......] Que faisiez-vous au temps chaud ?

[......] Nuit et jour à tout venant je chantais, ne vous déplaise.

[......] Vous chantiez ? j'en suis fort aise. Eh bien ! dansez maintenant ! [......]

CONJUGAISON

13 Les différentes formes du verbe

LE COIN DES PARENTS
Pour différencier le participe passé en -é et l'infinitif en -er, remplacez par un verbe comme « mordre . On dit : « j'ai mordu du pain » et non « j'ai mordre du pain ». On écrit donc : « J'ai acheté du pain. »

Livret parents → **Dictée 13**
→ **Corrigés** p. 13

Je démarre !

Colorie tous les verbes.

galoper	hamster	panier
sanglier	bêler	ronger
bélier	aboyer	berger

Le radical et la terminaison

Le verbe est composé :

– d'un **radical**, qui ne change jamais ;

– d'une **terminaison**, qui varie en fonction du temps et du sujet du verbe.

le chien **joue** – les chiens **jouent** – nous **jouons** – je **jouais**.

Les trois formes du verbe

L'infinitif

Lorsqu'il est à l'infinitif, le verbe ne change jamais et il s'écrit toujours de la même façon.

voir, jouer, finir.

La forme conjuguée

Lorsque le verbe est conjugué, sa terminaison change en fonction de son sujet et de son temps.

L'enfant **voit** le chien qui **joue**. – L'enfant **voyait** le chien qui **jouait**.

Le participe passé

Lorsqu'il est au participe passé, le verbe a généralement une terminaison en **-é**, en **-i** et en **-u**.

L'enfant a **vu** le chien qui jouait. Celui-ci a **remué** la queue.

Trouver l'infinitif d'un verbe

Tu peux utiliser l'expression « C'est l'action de... » ou « être en train de... ».

L'enfant observe le chien.

C'est l'action d'observer pour l'enfant ou l'enfant est en train d'observer.

Trouver le participe passé d'un verbe

Tu peux prononcer tout haut l'expression **« j'ai... »** ou **« je suis... »** avec le verbe derrière. Tu trouveras facilement comment compléter.

boire → J'ai bu. partir → Je suis parti.

Remarque Tous les verbes terminés par **-er** ont un participe passé terminé par **-é**.

1 ★ Entoure tous les verbes de ce texte.

Tom aime aller au zoo pour observer les animaux. Il s'arrête d'abord devant la cage des fauves pour les regarder jouer et les entendre rugir. Puis, il rejoint l'enclos des singes et s'étonne de les voir sauter de branche en branche sans jamais tomber ni avoir peur.

2 ★ Écris l'infinitif de chaque verbe.

a. La poule picore des graines. → ……………………

b. L'éléphant d'Afrique est le plus grand mammifère terrestre. → ……………………

c. Le chien tire sur sa laisse. → ……………………

d. Les insectes ont six pattes. → ……………………

e. Le chimpanzé mange une banane. → ……………………

3 ★★ Pour chaque verbe, écris l'infinitif et le participe passé.

infinitif	forme conjuguée	participe passé
……………………	elle prend	……………………
……………………	vous êtes	……………………
……………………	tu veux	……………………
……………………	Les loups hurlent à la mort.	……………………
……………………	je vais	……………………
……………………	nous sommes	……………………

Bilan

4 ★★★ Souligne les verbes de cette comptine et indique I pour infinitif, FC pour forme conjuguée et PP pour participe passé.

Une araignée, sur le plancher
……………………
Se tricotait des bottes
……………………
Dans un flacon, un limaçon
……………………
Enfilait sa culotte
……………………

J'ai vu dans le ciel
……………………
Une mouche à miel
……………………
Pincer sa guitare
……………………

Un rat tout confus
……………………
Sonner l'angélus
……………………
Au son d'la fanfare
……………………

Je m'évalue ☐ ☐ ☐

14 Le présent

LE COIN DES PARENTS
Votre enfant doit apprendre par cœur les terminaisons des verbes. Proposez-lui des phrases au présent et demandez-lui d'épeler la terminaison du verbe.

Livret parents → **Dictée 14**
→ **Corrigés** p. 13

Savoir

Je démarre !

Entoure les mots qui indiquent le présent :
maintenant • avant • bientôt • aujourd'hui • hier • plus tard • en ce moment • demain • immédiatement

• Les verbes en -er au présent

Leur **radical** ne change pas et ils ont tous des **terminaisons** identiques : **-e**, **-es**, **-e**, **-ons**, **-ez**, **-ent**, sauf **aller**.

chanter	jouer	aller
je chant**e**	je jou**e**	je **vais**
tu chant**es**	tu jou**es**	tu **vas**
il/elle/on chant**e**	il/elle/on jou**e**	il/elle/on **va**
nous chant**ons**	nous jou**ons**	nous **allons**
vous chant**ez**	vous jou**ez**	vous **allez**
ils/elles chant**ent**	ils/elles jou**ent**	ils/elles **vont**

• Les verbes irréguliers les plus courants au présent

Certains verbes comme **voir**, **pouvoir**, **vouloir** et **prendre** sont des verbes irréguliers : ils ont des **terminaisons particulières** et parfois le **radical qui change** (voir le tableau au début du livre).

Savoir faire

• Conjuguer au présent certains verbes particuliers se terminant par -er

Tu dois être attentif à l'orthographe de certains verbes conjugués au présent.

• Les verbes comme **appeler** et **jeter**.

j'appelle, tu appelles, il appelle, nous appelons, vous appelez, ils appellent.

je jette, tu jettes, il jette, nous jetons, vous jetez, ils jettent.

• Les verbes comme **relier** car tu n'entends pas toujours la terminaison.

je relie, tu relies, il relie, elles relient.

• Les verbes comme **manger** ou **lancer**.

je mange, tu manges, il mange, nous mangeons, vous mangez, ils mangent.

je lance, tu lances, il lance, nous lançons, vous lancez, ils lancent.

• Les verbes comme **payer**.

je paie, tu paies, il paie, nous payons, vous payez, ils paient.

Faire

1 ★ Écris la terminaison des verbes conjugués au présent.

a. Je march.....
b. Tu regard.....
c. Il dessin.....
d. Elle jou.....
e. On s'amus.....
f. Nous all.....
g. Vous pren.....
h. Elles pens.....
i. Les enfants se rang.....

2 ★ Relie le pronom ou le nom avec le verbe conjugué qui lui convient.

Nous •	• peux
Le chien •	• mentez
Tu •	• ai froid
Je •	• court
Les enfants •	• jouons
Vous •	• se rangent
J' •	• travailles

Tu peux le faire !

3 ★★ Écris les verbes au présent à la personne indiquée.

a. crier (3e personne du singulier) → ....
b. aller (1re personne du singulier) → ....
c. nager (1re personne du pluriel) → ....
d. pouvoir (3e personne du pluriel) → ....
e. prendre (2e personne du singulier) → ....

Bilan

4 ★★ Écris chaque phrase en transformant le pronom sujet au singulier ou au pluriel selon le cas.

a. Nous sommes très en retard. → ....
b. Je lance des confettis en l'air. → ....
c. Vous appelez les pompiers. → ....
d. Tu vois passer une étoile filante dans le ciel ? → ....
e. Que veulent-elles ? → ....

Je m'évalue ☐ ☐ ☐

CONJUGAISON

15 Le futur

LE COIN DES PARENTS
Au futur, l'erreur la plus courante est faite à la terminaison de la 1re personne du singulier en « ai ». Attirez l'attention de votre enfant sur cette particularité pendant l'apprentissage du futur.

Livret parents → **Dictée 15**
→ **Corrigés** p. 13

Savoir

Je démarre !

Trouve les deux mots qui ne sont pas des verbes.
chanterons • moutons • bougerons • bercerons • pucerons • roulerons • cuisinerons

• Les verbes au futur

Au futur, tous les verbes ont des terminaisons identiques : -ai, -as, -a, -ons, -ez, -ont.

je viendrai – je parlerai – je dirai – vous irez – vous finirez – vous courrez

• Les verbes en -er au futur

Il suffit de rajouter les terminaisons derrière l'infinitif du verbe, sauf pour aller.

chanter	jouer	aller
je chanterai	je jouerai	j'irai
tu chanteras	tu joueras	tu iras
il/elle/on chantera	il/elle/on jouera	il/elle/on ira
nous chanterons	nous jouerons	nous irons
vous chanterez	vous jouerez	vous irez
ils/elles chanteront	ils/elles joueront	ils/elles iront

Savoir faire

• Trouver la conjugaison au futur d'un verbe irrégulier

• Certains verbes comme **voir**, **pouvoir**, **vouloir** et **prendre** changent de radical au futur (voir le tableau au début du livre).

• Pour trouver un verbe irrégulier au futur, tu peux imaginer une phrase qui commence par « aujourd'hui » et la répéter oralement en la débutant par « demain ».
Aujourd'hui, tu vas à la plage.
→ Demain, tu iras à la plage.

• Connaître le futur de verbes en -yer

Certains verbes comme **essayer** ou **payer** ont deux orthographes possibles.
J'essaierai, j'essayerai
Ils paieront, ils payeront

1 * Conjugue le verbe « grimper » au futur.

a. Je ……………………
c. Il/Elle/On ……………………
e. Vous ……………………
b. Tu ……………………
d. Nous ……………………
f. Ils/Elles ……………………

2 * Barre les verbes qui ne sont pas au futur.

nous calculerons – je grimpe – il terminera – vous danserez – tu allumeras – on parle – j'aimerais – elles tomberont – elle dessinera – les oiseaux chantent – il va – nous lavons – je cuisinerai – vous joueriez – tu iras – ils tailleront – on allait – j'accrocherai – elles écoutent – mes chaussettes sécheront – elle regardera

3 ** Écris ces phrases en mettant les pronoms et les verbes au singulier.

a. Vous aimerez ce dessin animé. → ……………………
b. Nous plongerons dans la piscine. → ……………………
c. Elles iront à l'école. → ……………………
d. Nous mangerons des cookies. → ……………………
e. Ils verront des étoiles filantes. → ……………………
f. Vous pourrez grimper à l'arbre. → ……………………

4 ** Remplace le verbe faire par un verbe en -er plus précis.

a. Je ferai la cuisine. → Je ……………………
b. Tu feras un voyage en train. → Tu ……………………
c. Il fera un saut en parachute. → Il ……………………
d. Elle fera un rêve. → Elle ……………………
e. Vous ferez un dessin. → Vous ……………………
f. Elles feront leur travail. → Elles ……………………
g. Ils feront des paris. → Ils ……………………

Bilan

5 *** Complète avec les verbes qui conviennent :

vouloir – pouvoir – prendre– emporter – voir – aller.

La semaine prochaine, toute la famille …………………… l'avion. Nous …………………… en vacances en Espagne. Mon frère …………………… prendre sa valise verte et moi j'…………………… mon appareil photo. Nous …………………… des paysages magnifiques et mes parents …………………… se reposer.

CONJUGAISON

16 L'imparfait

L'imparfait est le temps des contes. Profitez d'un moment de lecture pour demander à votre enfant d'identifier quelques verbes à l'imparfait et les conjuguer.

Livret parents → **Dictée 16**
→ **Corrigés** p. 13

Savoir

Je démarre !

Entoure tous les mots qui se terminent par -ais ou -ait, puis souligne les verbes.

Il était une fois, un roi parfait qui habitait un grand palais. Tous les matins, il buvait un bol de lait très épais et mangeait des fruits frais. Jamais il ne se déplaçait sans son balai, qu'il enfourchait tout en parlant anglais.

Les verbes à l'imparfait

Quelle que soit leur forme ou leur terminaison à l'infinif, tous les verbes ont des terminaisons identiques quand ils sont conjugués à l'imparfait : **-ais**, **-ais**, **-ait**, **-ions**, **-iez**, **-aient**.

J'étais, j'avais, je disais – vous parliez, vous mentiez – ils entendaient, ils souriaient.

Les verbes en -er à l'imparfait

Il suffit de rajouter les terminaisons derrière le radical du verbe, même pour **aller**.

chanter	jouer	aller
je chantais	je jouais	J'allais
tu chantais	tu jouais	tu allais
il/elle/on chantait	il/elle/on jouait	il/elle/on allait
nous chantions	nous jouions	nous allions
vous chantiez	vous jouiez	vous alliez
ils/elles chantaient	ils/elles jouaient	ils/elles allaient

Savoir faire

Les verbes irréguliers à l'imparfait

Certains verbes irréguliers gardent leur radical à l'imparfait et d'autres non (voir le tableau au début du livre).

Particularités orthographiques de certains verbes

- Les verbes comme **crier** et **prier**.

nous criions, vous criiez, nous priions, vous priiez.

- Les verbes comme **lancer** ou **avancer**.

je lançais, tu lançais, il lançait, nous lancions, vous lanciez, ils lançaient.

- Les verbes comme **manger** ou **nager**.

Je nageais, tu nageais, il nageait, nous nagions, vous nagiez, ils nageaient.

- Les verbes comme **payer**.

je payais, tu payais, il payait, nous payions, vous payiez, ils payaient.

1 * Écris l'infinitif du verbe conjugué.

a. Je coinçais → ……………………
b. Il voyait → ……………………
c. Vous pensiez → ……………………
d. Elles pouvaient → ……………………
e. Tu voulais → ……………………
f. On prenait → ……………………
g. Nous échangions → ……………………
h. Elle priait → ……………………

2 * Écris les verbes conjugués l'imparfait.

a. Nous (dessiner) → ……………………
b. Les enfants (chanter) → ……………………
c. Je (manger) → ……………………
d. Vous (danser) → ……………………
e. Tu (voir) → ……………………
f. Le chat (dormir) → ……………………
g. Nous (pouvoir) → ……………………
h. Elles (respirer) → ……………………

3 ** Relie le pronom ou le nom avec le verbe conjugué qui lui convient.

a. Nous •	• jouaient
b. Le chien •	• criiez
c. J' •	• appelais
d. On •	• chantait
e. Les enfants •	• pouvions
f. Vous •	• rangeais
g. Tu •	• aboyait

Continue c'est par LÀ !

Bilan

4 *** Complète avec le pronom personnel qui convient.

a. 1. ………… lanciez un frisbee vert.
 2. ………… lançais un frisbee vert.
b. 1. ………… criaient dans les tribunes pour supporter l'équipe.
 2. ………… criait dans les tribunes pour supporter l'équipe.
c. 1. ………… payais le ticket de cinéma.
 2. ………… payiez le ticket de cinéma.
d. 1. ………… avançaient les yeux fermés.
 2. ………… avancions les yeux fermés.

CONJUGAISON

17 Le passé composé

LE COIN DES PARENTS
Pour aider votre enfant à retrouver la conjugaison du passé composé, rappelez-lui que le mot « composé » signifie « constitué de plusieurs éléments ».

Livret parents → **Dictée 17**
→ **Corrigés** p. 14

Je démarre !

Donne l'infinitif des verbes conjugués.
nous avons skié → ....
j'ai vu → ....
elle est partie → ....
tu as piloté → ....
vous avez tiré → ....

Le passé composé

Le passé composé est utilisé pour raconter des événements **passés**, **brefs** et **terminés**.
Pendant les vacances, elle a joué au tennis.

Formation du passé composé

Le passé composé est formé de deux mots :
– l'**auxiliaire être** ou **avoir** au **présent** ;
– le **participe passé** du verbe.
J'**ai gagné** le match de tennis.
Elle **est allée** en finale.

Utilisation de l'auxiliaire avoir

Lorsque le participe passé est utilisé avec l'auxiliaire **avoir**, il garde toujours la même forme et sa terminaison ne change jamais, quel que soit le genre (féminin ou masculin) et le nombre (singulier ou pluriel) du sujet.

dire	j'ai di**t**	il a di**t**	nous avons di**t**
faire	tu as fai**t**	elle a fai**t**	vous avez fai**t**
prendre	j'ai pri**s**	tu as pri**s**	elles ont pri**s**
pouvoir	il a p**u**	nous avons p**u**	ils ont p**u**
voir	tu as v**u**	il a v**u**	nous avons v**u**
vouloir	elle a voul**u**	nous avons voul**u**	vous avez voul**u**
être	elle a **été**	nous avons **été**	vous avez **été**
avoir	elle a **eu**	nous avons **eu**	vous avez **eu**

Utilisation de l'auxiliaire être

Lorsque le participe passé est construit avec l'auxiliaire **être**, il s'accorde toujours en genre et en nombre avec le sujet.

aller	il est all**é**	elle est all**ée**	ils sont all**és**
venir	elle est ven**ue**	ils sont ven**us**	elles sont ven**ues**
monter	elle est mont**ée**	ils sont mont**és**	elles sont mont**ées**

1 * Souligne uniquement les verbes conjugués au passé composé.

a. Ils savent nager le crawl.
b. Tu as marqué le penalty.
c. Ils sont venus en courant.
d. Tu as terminé ton entrainement.
e. Nous verrons sa nouvelle voiture.
f. Nous sommes allés à la patinoire.

2 * Écris les verbes au passé composé à la personne indiquée.

a. crier (3e personne du singulier) → ....
b. aller (1re personne du singulier) → ....
c. dribbler (1re personne du pluriel) → ....
d. pouvoir (3e personne du pluriel) → ....
e. prendre (2e personne du singulier) → ....
f. voir (2e personne du pluriel) → ....

3 ** Colorie de la même couleur que l'auxiliaire utilisé pour conjuguer le verbe au passé composé.

	courir	tomber
ÊTRE	entrer	gagner
	plonger	rester
AVOIR	sauter	arriver
	naître	partir

Bilan

4 *** Réécris ce texte en mettant tous les verbes au passé composé.

Jesse Owens est un grand coureur de sprint américain. Il participe aux jeux Olympiques de Berlin en 1936 et il remporte quatre médailles d'or. Il gagne notamment l'épreuve du 100 mètres et les Allemands présents dans le stade l'acclament avec enthousiasme. Il meurt en 1980.

....
....
....
....

ORTHOGRAPHE

18 Les accents et le tréma

LE COIN DES PARENTS
Aidez votre enfant à faire la différence entre é, è et ê aussi bien dans leur prononciation que dans la manière de les écrire.

Livret parents → **Dictée 18**
→ **Corrigés** p. 14

Je démarre !

Remets les lettres dans l'ordre pour trouver des noms.

- bbéé : ....
- eéép : ....
- eéf : ....
- eéppou : ....
- ëloN : ....

Les différents accents

Il existe trois accents qui modifient la façon de prononcer les lettres.

- **L'accent aigu : é**

Il ne se place que sur le **e** et il se prononce comme dans étoile ou éléphant.

- **L'accent grave : à, è, ù**

– Il peut se placer sur les voyelles **e**, **a** et **u**.
– Sur les lettres **a** et **u**, il ne s'entend pas.
– Sur la lettre **e**, il se prononce comme dans mère ou père.

- **L'accent circonflexe : â, ê, î, ô, û**

– Il peut se placer sur toutes les voyelles, sauf le **y**.
– Sur les lettres **a**, **i**, **o**, et **u**, il ne s'entend pas.
– Sur la lettre **e**, il se prononce comme dans tête ou fenêtre.

Le tréma

- Ce n'est pas un accent mais un signe particulier, qui se place en général sur les voyelles **e**, **i** et **u**.
- Il indique que les deux voyelles se prononcent séparément.

Noël (No/ël), naïf (na/ïf)

Accent ou pas accent ?

- Pour savoir si un mot contient un **-e-** accentué, tu peux le découper en syllabes :

– si la syllabe qui contient le **-e-** se termine par une consonne, le **-e-** ne prend pas d'accent. la ter/re, ef/fa/cer, une pier/re, une pi/rou/et/te, per/met/tre

– si la syllabe qui contient le **-e-** ne se termine pas par une consonne, le **-e-** prend l'accent qui convient. un bé/bé, une fe/nê/tre, un ma/nè/ge, une rè/gle, une mé/dail/le

- Si **è** est situé à la fin d'un mot, il est souvent suivi par un **-s**.

très, après, un cyprès, dès

Remarque Dans certains cas, les accents grave et circonflexe ne changent pas la prononciation mais permettent de différencier des homonymes. a/à, ou/où, la/là

1 * Place les accents oubliés.

a. mon frere
b. repeter
c. un chene
d. un mystere
e. un reve
f. un zebre
g. une araignee
h. une bete
i. une meche

2 * Place les accents oubliés.

a. un fermier
b. un renne
c. un vetement
d. une courgette
e. une echelle
f. une erreur
g. une miette
h. une panthere
i. une pelle

3 * Place les trémas et les accents oubliés, puis lis-les à voix haute.

a. egoıste
b. l'ouıe
c. la faıence
d. naıf
e. Noel
f. un caıd
g. un canoe
h. une heroıne
i. une mosaıque

4 ** Complète les phrases avec la ou là, du ou dû, a ou à, sur ou sûr, près ou prêts.

a. .... clef est posée ...., dans le tiroir.
b. Il a .... oublié de venir, alors je mange .... chocolat toute seule.
c. Elle va .... la piscine car elle .... terminé son travail.
d. Es-tu .... d'avoir rangé tes livres .... l'étagère ?
e. Nous sommes .... à partir. Nous allons passer les vacances tout .... de Lyon.

5 ** Écris correctement la fin des mots avec ès, es, et ou ais.

a. apr........
b. ép........
c. le progr........
d. m........ mains
e. un chal........
f. un livr........
g. un nav........
h. un palmar........
i. tr........

Bilan

6 *** Rajoute les douze accents manquants.

Il etait une fois une veuve qui avait deux filles ; l'aınee lui ressemblait si fort d'humeur et de visage, que qui la voyait, voyait la mere. Elles etaient toutes deux si desagreables et si orgueilleuses qu'on ne pouvait vivre avec elles. La cadette, qui etait le vrai portrait de son pere pour la douceur et l'honnetete, etait avec cela une des plus belles filles qu'on eût su voir.

Charles Perrault, extrait des *Fées*.

ORTHOGRAPHE

19 Le pluriel des noms communs

LE COIN DES PARENTS

Les enfants commettent souvent des erreurs en écrivant le pluriel des noms. Même s'ils connaissent la règle générale qui consiste à ajouter un -s à la fin du nom, ils oublient de l'écrire car il ne s'entend pas.

Livret parents → Dictée 19
→ Corrigés p. 14

Je démarre !

Complète avec les mots donnés : un, un, une, des.

.... orteils
.... oiseau
.... table
.... amoureux

Règle générale

Le plus souvent, le pluriel des noms se forme en ajoutant un **-s** au nom commun au singulier.

un cycliste → des cyclistes
ma bicyclette → mes bicyclettes
la pédale → les pédales

Remarque Le **-s** comme marque du pluriel ne s'entend pas.

Formation de certains pluriels particuliers

- La plupart des noms qui se terminent au singulier par **-s**, **-x** et **-z** ne changent pas au pluriel.

un tas → des tas   le prix → les prix   un nez → des nez

- La plupart des noms qui se terminent au singulier par **-au**, **-eau** ou **-eu** prennent un **-x** au pluriel.

un boyau → des boyaux   le seau → les seaux   mon cheveu → mes cheveux

- La plupart des noms qui se terminent au singulier par **-al** forment leur pluriel en **-aux**.

un journal → des journaux   le bocal → les bocaux   cet animal → ces animaux

Quelques exceptions à la règle générale du -s

noms en -au, -eau, -eu ou -ou		noms en -al	noms en -ail	cas particuliers
des landaus des pneus des bleus	des bijoux des cailloux des choux les genoux les hiboux les joujoux des poux	des bals des chacals des carnavals des festivals des récitals des régals	les coraux les émaux les soupiraux les travaux des vitraux	un monsieur – des messieurs un œil – des yeux un bonhomme – des bonshommes

1 * Finis d'écrire les noms au pluriel.

a. les main.....
b. les poignet.....
c. les pouce.....
d. les majeur.....
e. les annulaire.....
f. les auriculaire.....
g. les paume.....
h. les ongle.....
i. des gant.....

2 * Relie les noms à leur terminaison au pluriel.

Tu vas réussir !

a. cil •
b. corps •
c. genou •

-s

-x

• d. joue
• e. peau
• f. cou

3 ** Entoure les noms qui s'écrivent de la même façon au singulier et au pluriel.

tapis – voitures – yeux – croix – bijoux – radis – oiseaux – signaux – feux – souris – champions – noix

4 ** Écris les noms au pluriel (tu devras aussi modifier le déterminant).

a. la tête → .....
b. le corps → .....
c. un œil → .....
d. le nez → .....
e. le doigt → .....
f. l'index → .....
g. un bras → .....
h. un cheveu → .....

Bilan

5 *** Trouve la réponse aux devinettes et écris-la au singulier et au pluriel.

a. C'est l'animal préféré de Zorro (ou des cow-boys).
→ le ..... les .....

b. Le train circule dessus.
→ le ..... les .....

c. On le construit avec de la neige, une carotte et deux cailloux.
→ le ..... les .....

d. On y va déguisé et masqué.
→ le ..... les .....

e. Les péniches naviguent dessus.
→ le ..... les .....

ORTHOGRAPHE

20 Le féminin des noms communs

LE COIN DES PARENTS

La règle générale pour mettre les noms au féminin est simple : ajoutez un -e au nom masculin. La difficulté est due au fait que ce -e ne s'entend pas toujours et que votre enfant risque de l'oublier.

Livret parents → **Dictée 20**
→ **Corrigés** p. 14

Savoir

Je démarre !

Coche les noms féminins.

- les françaises
- les malaises
- les fées
- les lycées
- les ours
- les ourses

Règle générale

On forme le féminin d'un nom masculin en mettant un **-e** à la fin de ce nom.

un voisin → une voisine

un français → une française

Ce **-e** ne s'entend pas toujours.

un ami → une amie

Féminin des noms en -er ou -ier

Les noms communs masculins terminés par **-er** ou **-ier** suivent la règle générale, mais on ajoute en plus un accent grave sur le **e** précédant le **-r**.

un berger → une bergère

le fermier → la fermière

Féminin des noms en -ien, -on, -el et -et

Les noms communs masculins qui se terminent par **-ien**, **-on**, **-el** et **-et** suivent la règle générale, mais leur dernière consonne est doublée avant l'ajout du **-e** final.

un gardien → une gardienne

le lion → la lionne

un criminel → une criminelle

un cadet → une cadette

Savoir faire

Formation particulière au féminin de certains noms

- Les noms communs masculins qui se terminent par **-eur** ont souvent un féminin en **-euse**.

un danseur → une danseuse

un vendeur → une vendeuse

- Les noms communs masculins qui se terminent par **-teur** ont souvent un féminin en **-teuse** ou **-trice**.

un chanteur → une chanteuse

un acteur → une actrice

- Parfois, le nom féminin est complètement différent du nom masculin.

un homme → une femme

un frère → une sœur

- Certains noms masculins qui se terminent par un -e ne changent pas au féminin (seul le déterminant change).

un célibataire → une célibataire

un élève → une élève

1 ★ Barre les noms qui ne sont pas au féminin.

a. soirée – flambée – musée – rentrée – nuitée
b. amie – parapluie – pluie – incendie – truie
c. tartelette – assiette – fourchette – squelette – brochette
d. obscurité – clarté – curé – fierté – liberté

2 ★ Écris chaque nom au féminin.

a. un ami → une ……………………
b. un savant → ……………………
c. un Italien → ……………………
d. un invité → ……………………
e. un renard → ……………………
f. un invité → ……………………
g. un habitant → ……………………
h. un ours → ……………………

3 ★★ Écris chaque nom au féminin.

a. un animateur → une ……………………
b. un enfant → ……………………
c. le cuisinier → ……………………
d. un coiffeur → ……………………
e. un veuf → ……………………
f. un copain → ……………………
g. un boulanger → ……………………
h. un prince → ……………………

4 ★★ Relie chaque nom masculin au nom féminin qui lui correspond.

a. un cheval •	• h. une brebis
b. un cerf •	• i. une poule
c. un mouton •	• j. une vache
d. un coq •	• k. une truie
e. un taureau •	• l. une jument
f. un porc •	• m. une cane
g. un canard •	• n. une biche

BRAVO !
tu as presque fini

Bilan

5 ★★★ Trouve les noms de métiers qui correspondent à chaque action, puis écris le nom de ce métier au masculin.

a. Elle maquille les acteurs : une …………………… → un ……………………
b. Elle vend de la charcuterie : une …………………… → un ……………………
c. Elle joue du violon : une …………………… → un ……………………
d. Elle vend du pain : une …………………… → un ……………………

Je m'évalue ☐ ☐ ☐

Français
Maths
Espace – Temps EMC
Sciences
Anglais
mon cahier spécial Dictées

ORTHOGRAPHE

21 Le pluriel des adjectifs

LE COIN DES PARENTS
L'accord des adjectifs au pluriel est source d'erreur. Les élèves n'entendent pas le -s ou le -x qui a été ajouté. Votre enfant doit comprendre que tous les éléments du groupe nominal ont le même nombre.

Livret parents → **Dictée 21**
→ **Corrigés** p. 14

Je démarre !

Trouve les adjectifs cachés.

D comme un agneau.

....

Bl comme un linge.

....

Place de l'adjectif dans la phrase

- L'adjectif peut :

– faire partie d'un **groupe nominal** (dans ce cas, il a pour fonction d'être épithète de ce nom) ;

Maman porte une robe rouge. (GN) Sa robe rouge (GN) a un grand col (GN).

– ou bien être relié au nom (commun ou propre) ou au pronom par **un verbe** comme **être**, **sembler**, **paraître**, etc.

La robe (GN) **est** rouge. Elle (PP) **semble** rouge.

Accord de l'adjectif dans la phrase

- L'adjectif s'accorde en nombre (singulier ou pluriel) avec le **nom** (commun ou propre) ou le **pronom** qu'il qualifie.

Lili porte une robe courte avec des cœurs blancs. → Ils (les cœurs) sont blancs.

- Si plusieurs adjectifs qualifient le même nom, ils s'accordent tous avec ce nom.

une cravate bleue et blanche. → des cravates bleues et blanches.

Formation du pluriel de l'adjectif

Le plus souvent, le pluriel des adjectifs se forme **en ajoutant un -s** à l'adjectif au singulier.

La petite fille porte un grand sac. → Les petites filles portent des grands sacs.

Formation de certains pluriels particuliers

- Les adjectifs terminés au singulier par **-s** et **-x** ne changent pas au pluriel.

le sol gris → les sols gris   un enfant heureux → des enfants heureux

- Les adjectifs terminés au singulier par **-eau** prennent un **-x** au pluriel.

un beau sourire → des beaux sourires

- La plupart des adjectifs terminés au singulier par **-al** forment leur pluriel en **-aux**.

un sourire amical → des sourires amicaux

1 * Souligne les adjectifs.

Le chaud soleil brille dans le ciel bleu. La petite famille part travailler. Maman porte une robe rouge avec un bouton jaune et une ceinture fine. Papa, lui, a revêtu une chemise toute blanche et un pantalon vert. Les enfants emportent leur matériel scolaire dans leur cartable neuf. Ils sont gais et semblent heureux.

2 * Recopie les groupes nominaux en les mettant au pluriel.

a. un joli vêtement → des ....

b. un pantalon trop long → des ....

c. un gros manteau → des ....

d. une chaussure élégante → des ....

e. un pull coloré → des ....

f. une pantoufle confortable → des ....

3 ** Recopie les groupes nominaux en les mettant au singulier.

a. des foulards soyeux → un ....

b. des collants gris → un ....

c. des traits verticaux → un ....

d. des pulls nouveaux → un ....

e. des gros bottillons → un ....

f. des costumes royaux → un ....

g. des escarpins bancals → un ....

h. de beaux chemisiers → un ....

Bilan

4 *** Trouve quatre adjectifs pour décrire ce bonnet puis écris-les au pluriel.

au singulier

....

....

....

....

au pluriel

....

....

....

....

ORTHOGRAPHE

22 Le féminin des adjectifs

LE COIN DES PARENTS
Il existe une règle générale mais aussi beaucoup de cas particuliers. Plus votre enfant lira et découvrira des mots nouveaux et plus il mémorisera l'orthographe des cas particuliers.

Livret parents → **Dictée 22**
→ **Corrigés** p. 14

Savoir

Je démarre !

Change les lettres de place pour trouver un adjectif.

- COUDE ....
- REMACHANT ....

Règle générale

- On forme le féminin d'un adjectif masculin en mettant un **-e** à la fin de cet adjectif.

Un joli pull gris et bleu
→ une jolie chemise grise et bleue

- Les adjectifs masculins qui se terminent déjà par un **-e** ne changent pas quand on les écrit au féminin.

un panneau **rigide** → une planche **rigide**
un homme **sympathique** → une femme **sympathique**

Féminin des adjectifs en -er ou -ier

Les adjectifs masculins terminés par **-er** ou **-ier** suivent la règle générale, et prennent en plus **un accent grave** sur le **-e-** précédant le **-r**.

léger → légère premier → première

Féminin des adjectifs en -ien, -on, -eil, -ul, -et, -ot et -as

Ces adjectifs suivent la règle générale, mais **leur consonne finale est doublée** avant l'ajout du **-e final**.

nouvel → nouvelle italien → italienne bon → bonne pareil → pareille
nul → nulle muet → muette sot → sotte gras → grasse

Savoir faire

Formation particulière au féminin de certains adjectifs

- Les adjectifs masculins qui se terminent par **-eur** ou **-eux** ont souvent un féminin en **-euse**.

moqueur → moqueuse peureux → peureuse

- Un certain nombre d'adjectifs masculins ne suivent pas de règle générale.

beau → belle frais → fraîche mou → molle long → longue grec → grecque

Remarque En cas de doute et les cas particuliers étant nombreux, n'hésite pas à utiliser ton dictionnaire pour vérifier la façon d'écrire l'adjectif au féminin.

1 ★ Écris au féminin les adjectifs ci-dessous.

a. important → ……
b. anglais → ……
c. économique → ……
d. national → ……
e. meilleure → ……
f. gris → ……
g. fort → ……
h. mauvais → ……
i. possible → ……
j. méchant → ……
k. direct → ……
l. pâle → ……

2 ★ Classe les adjectifs suivants dans le tableau puis complète-le :

chère – sportif – âgé – heureuse – excessive – net – jaloux.

adjectifs masculins	adjectifs féminins
cher	chère
……	……
……	……
……	……
……	……
……	……

3 ★★ À qui parle-t-on ? À un homme ou à une femme ? Relie par une flèche.

a. Tu es gaie. •
b. Tu es timide. •
c. Tu es sage. •
d. Tu es élégante. •

• femme •
• homme •

• e. Tu es menteur.
• f. Tu es bavard.
• g. Tu es rapide.
• h. Tu es brune.

Bilan

4 ★★★ Réécris ce texte en remplaçant la sorcière par le sorcier.

L'horrible sorcière des marécages était une femme vieille et laide. Elle était méchante et diabolique. Pourtant, elle rêvait de devenir une belle jeune femme. Et plus que tout au monde, elle souhaitait devenir joyeuse, rieuse et souriante.

……
……
……
……

ORTHOGRAPHE

23 Les lettres finales muettes

LE COIN DES PARENTS
Les lettres finales muettes s'écrivent mais ne se prononcent pas. Aidez votre enfant à travailler sur les familles de mots pour comprendre le rôle de cette lettre muette.

Livret parents → **Dictée 23**
→ **Corrigés** p. 14

Je démarre !

Relie chaque mot à sa lettre finale.

gran •	• l
un toi •	• g
le repo •	• s
genti •	• t
le galo •	• d
lon •	• p

• Les différentes lettres finales muettes

Beaucoup de mots se terminent par une lettre finale muette.

Nous campons dans un grand champ à l'orée du bois pour profiter la journée de l'ombre bienvenue apportée par les arbres.

• Rôle et explication des lettres finales muettes

exemples	nature du mot	rôle ou explication
nous	pronom sujet	le -s muet marque le pluriel.
campons	verbe conjugué	le -s muet marque le pluriel.
dans	mot invariable	le -s muet marque l'origine latine du mot *(deintus)*.
champ, bois	nom commun	le -s muet ou -p muet servent à former des mots de la même famille (champêtre, boisé).
orée, journée, arbres	nom commun	le -e muet marque le féminin et le -s muet marque le pluriel.
bienvenue, apportée	adjectif	Le -e muet marque le féminin.

• Trouver la lettre finale muette des pronoms sujets, des verbes conjugués et des mots invariables

C'est très facile : il faut les connaître par cœur !

• Trouver la lettre finale muette des noms et des adjectifs

Tu dois trouver un mot de la même famille plus long ou bien mettre ce mot au féminin.

français → française   un chat → un chaton   un bond → bondir   un camp → camper

1 * Entoure les mots qui se terminent par une lettre finale muette.

Chaque camping doit disposer d'un règlement intérieur, établi conformément à un modèle type. Le règlement intérieur doit être affiché à l'entrée du terrain de camping et dans le bureau d'accueil du camping. Il doit être remis à tout client qui le demande.

2 * Trouve les adjectifs au féminin, puis écris leur masculin.

féminin	masculin
len……	len……
épai……	épai……
mauvai……	mauvai……

féminin	masculin
froi……	froi……
for……	for……
blan……	blan……

3 * Écris la lettre finale manquante en trouvant un verbe de la même famille.

a. un refu……, car le verbe de la même famille est refu…… .
b. un réci……, car le verbe de la même famille est réci…… .
c. un chan……, car le verbe de la même famille est chan…… .
d. un sau……, car le verbe de la même famille est sau…… .

4 ** En t'aidant du dictionnaire trouve la lettre finale muette de chacun de ces mots.

a. du lila……
b. l'appéti……
c. le zénit……
d. un cer……
e. un concour……
f. un haren……

5 ** Trouve un nom plus court, de la même famille que le mot donné.

a. abriter → un ……
b. caillouteux → un ……
c. cauchemarder → un ……
d. la tuyauterie → un ……
e. noyauter → un ……
f. numéroter → un ……

Bilan

6 *** Trouve et écris ces mots qui ont deux lettres finales muettes.

a. On s'en sert pour peser : le ……
b. L'annulaire en est un : un ……
c. Diminutif de garçon : un ……
d. Avoir le diable au ……
e. Le …… c'est de l'argent.
f. Il arrive après dix-neuf : ……

Français
Maths
Espace – Temps EMC
Sciences
Anglais
mon cahier spécial Dictées

ORTHOGRAPHE

24 Les mots invariables

LE COIN DES PARENTS
Au CE2, votre enfant doit retenir qu'il existe une classe de mots invariables et en orthographier correctement certains, sans rentrer dans la connaissance des sous-catégories (adverbes, etc.).

Livret parents → **Dictée 24**
→ **Corrigés** p. 15

Savoir

Je démarre !

Mime les actions suivantes pour les faire deviner à un membre de ta famille.
- Respirer rapidement.
- Respirer normalement.
- Respirer lentement.
- Respirer profondément.

Caractéristiques des mots invariables

- Il existe une classe de mots nommés « **mots invariables** ».
- Ces mots invariables s'écrivent toujours de la même façon :

– Ils ne s'accordent jamais ni en **genre** (masculin/féminin), ni en **nombre** (singulier/pluriel).
– Ils ne se conjuguent pas.

Mais pourquoi Joé est-il **si** heureux ?

Fonction des mots invariables

- Ils modifient le sens du verbe en apportant des précisions : où, quand et comment se déroule l'action.
- Ils peuvent aussi relier des mots entre eux ou deux parties d'une phrase.

Hier, il s'est battu **courageusement contre** son adversaire **et** il a gagné **avec** brio. **Eh oui**, il est **maintenant** le champion. **Donc** il est **très** fier **car** cela est sa première victoire !

Savoir faire

Quand utiliser les mots invariables ?

- Pour donner des précisions sur :

le temps	aujourd'hui – demain – autrefois – longtemps
la manière	bien – rapidement – courageusement
le lieu	ici – ailleurs – dehors – dessous – dedans – sur – où
la quantité	beaucoup – rien – moins – plus – assez – trop
la négation	ne...pas, ne...plus, ne...jamais, ne...guère

- Pour relier des mots ou des phrases : mais – ou – et – donc – or – ni – car
- Pour introduire des compléments : à – par – pour – avec – sans – chez – vers

Orthographier les mots invariables

Les mots invariables sont très nombreux : il faut donc **les apprendre par cœur** pour les écrire correctement.

1 *

En t'aidant du tableau en page 52, écris trois mots invariables :

a. qui commencent par **a-** : ....

b. qui finissent par **-ement** : ....

c. qui indiquent un lieu : ....

d. qui indiquent un moment : ....

e. qui commencent par **p-** : ....

f. qui expriment une manière de faire : ....

2 **

Barre l'intrus dans chaque liste.

a. et – sans – je – avec – mais – bien

b. dans – sur – pour – ou – la – là

c. même – encore – soir – entre – non – déjà

d. enfin – avant – assez – voilà – presque – aller

e. dessus – hier – vite – être – pourquoi – ne

f. comment – pendant – devant – lentement – ciment – vraiment

3 **

Écris le mot invariable contraire à celui qui est proposé.

a. Jamais → ....

b. tard → ....

c. derrière → ....

d. là-bas → ....

e. loin → ....

f. dehors → ....

g. mal → ....

h. beaucoup → ....

i. après → ....

j. sous → ....

k. dessous → ....

l. avec → ....

m. lentement → ....

n. oui → ....

o. nulle part → ....

Bilan

4 ***

Souligne les dix-huit mots invariables dans le texte ci-dessous.

Aujourd'hui, il pleut sans arrêt. Alors, toute la famille est coincée à la maison et attend avec impatience la fin de l'averse pour aller se promener. Mais brusquement, le tonnerre éclate et des éclairs zèbrent le ciel au-dessus de la maison. Décidément, nous voici condamnés à passer la journée dedans. Demain, le soleil reviendra vite.

Je m'évalue ☐ ☐ ☐

25 Lire pour communiquer

LE COIN DES PARENTS
Sollicitez votre enfant pour qu'il lise des textes à voix haute : une recette de cuisine, un résumé de film, ses devoirs à faire, etc. Soyez exigeant pour que son discours soit audible et compréhensible.

Livret parents → **Dictée 25**
→ **Corrigés** p. 15

Savoir

Je démarre !

Lis à voix haute.

- Mon thé a-t-il ôté ta toux ? Oui, ton thé m'a ôté ma toux !
- Sachez, mon cher Sacha, que Natacha n'attacha pas son chat, qui s'échappa !

Lire à voix haute permet de donner une information ou de provoquer une émotion chez ceux qui écoutent.

Pour maintenir l'attention d'un auditoire, il faut faire attention à :
– la vitesse et la fluidité de lecture ;
– l'articulation des mots ;
– le respect de la ponctuation ;
– l'intonation de la voix.

Plus on lit de textes silencieusement et plus la lecture orale sera aisée.

Savoir faire

Comprendre

- **Lis une première fois** le texte pour comprendre de quoi il parle.
- **Arrête-toi sur les mots difficiles** à décoder et lis-les tout haut lentement avant de lire la phrase en entier.

Articuler

Prends le temps de bien ouvrir la bouche pour **prononcer chaque syllabe**.
Il est préférable de ralentir la parole pour prononcer correctement.

Respirer

- **Repère les signes de ponctuation** qui vont te permettre de reprendre ton souffle et de mieux te faire comprendre.
- Marque une **pause courte** après une virgule ou un point-virgule, et une **pause plus longue** après un point, un point d'exclamation et un point d'interrogation.

Mettre le ton

- **La voix monte** vers les aigus quand tu poses une question (Où es-tu ?) **et descend** dans les graves pour une exclamation (Que c'est beau !).
- Tu peux également lire avec une voix joyeuse, triste, apeurée ou énervée **selon le sens du texte**.

1 ★ **Lis ces mots une fois dans ta tête, puis tout haut. Tu pourras chercher leur signification dans le dictionnaire si nécessaire.**

a. balbutier
b. intempestif
c. un prestidigitateur
d. une exagération
e. un hurluberlu
f. il n'y en a plus
g. ennuyeux
h. le pays

2 ★ **Lis ces virelangues à haute voix, d'abord lentement, puis de plus en plus rapidement.**

a. Fruits frais, fruits frits, fruits cuits, fruits crus.
b. C'est un plat plein de pâtes plates.
c. Zazie causait avec sa cousine en cousant.
d. Trois gros rats gris dans trois gros trous très creux.

3 ★★★ **Lis à voix haute ce texte en retrouvant les mots incomplets. Recommence tant que ta lecture est hésitante.**

La campa.......... était magni.......... . On était en plein ét.......... ; les ch.......... de blé étaient d'un j.......... doré, l'avoine encore ver.......... ; sur les prés d'un vert plus foncé s'élev.......... des tas de foin qui embaumaient l'air. Au mi.......... de cette natu.......... splend.......... se dressait un vieux châ.......... entouré de fossés prof.......... remplis d'.........., et dont les murs étaient couv.......... d'un fouillis sauv.......... de lierre et de plan.......... grimp.........., qui venaient rejoin.......... les ros.......... et les nénu.......... aux larges f.......... s'étendant sur l'eau. Dans une embrasure de ces murailles se tenait une cane ; elle y avait établi son n.........., et elle couv.......... ses œ.......... .

Hans Christian Andersen (trad. Grégoire et Moland), extrait du *Vilain petit canard*

Bilan

4 ★★★ **Lis ce texte à voix haute en respectant les consignes suivantes :**

a. Une phrase à voix haute, une phrase dans ta tête
b. Un mot sur deux
c. Normalement !

« Voyons, continua-t-elle, en se levant de son nid, vous êtes bien tous éclos ? Mais non, le plus grand des œufs est intact. Combien de temps cela va-t-il durer encore ? Je commence à en avoir assez. »
Et elle s'accroupit de nouveau. « Eh bien, comment allez-vous ? lui dit une vieille cane qui venait lui rendre visite.
– Oh ! j'ai bien des ennuis avec un de mes oeufs, répondit-elle, il ne veut pas s'ouvrir. En revanche,regardez-moi mes petits canards ! A-t-on jamais vu de plus gentilles créatures ? Comme ils ressemblent à leur père !

Hans Christian Andersen (trad. Grégoire et Moland), extrait du *Vilain petit canard*

LECTURE / ÉCRITURE

26 Lire et comprendre

LE COIN DES PARENTS
Quand votre enfant lit un livre, demandez-lui de résumer ce qu'il a lu, de nommer les personnages et d'expliquer ce qu'ils font. Demandez-lui aussi de situer le moment et le lieu où se déroule l'histoire.

Livret parents → **Dictée 26**
→ **Corrigés** p. 15

Savoir

Je démarre !

Complète ces titres de contes.

Le petit chaperon ....

Le loup et les sept ....

La belle et la ....

Blanche ....

● Le conte est un **récit imaginaire** passé qui commence souvent par une phrase situant l'histoire dans un **temps** et un **lieu indéfinis** : Il était une fois, Autrefois, Dans un pays lointain, etc.

« Sur la lisière d'un grand bois vivait un pauvre bûcheron avec sa femme et ses deux enfants. Il avait peu de chose à manger. (…)
De grand matin, la femme vint faire sortir les enfants du lit. Ils reçurent chacun leur petit morceau de pain. Le long du chemin, Hansel l'émietta dans sa poche et s'arrêtait souvent pour en jeter les miettes à terre.
La femme conduisit les enfants encore plus avant dans la forêt (…) puis elle dit :
– Restez assis là (…). Nous allons dans la forêt couper du bois, et ce soir, quand nous aurons fini, nous viendrons vous chercher.
Alors ils s'endormirent et le soir se passa, mais personne ne revint près des pauvres enfants. (…) Hansel consolait sa petite sœur en lui disant :
– Attends, Gretel, que la lune se lève, nous verrons les miettes que j'ai semées et elles nous indiqueront notre chemin pour nous en aller.
Quand la lune parut, ils se levèrent, mais ne trouvèrent plus de miettes, car les milliers d'oiseaux (…) les avaient picorées. (…)
Vers midi, ils virent un bel oiseau blanc comme neige. (..) Ils le suivirent jusqu'à une petite maison (…), cette maisonnette était bâtie en pain et couverte de gâteaux. (…). Tout à coup la porte s'ouvrit et une femme, vieille comme les pierres, qui s'appuyait sur une béquille, se traîna dehors. Si amicale que se montrât la vieille, elle était cependant une méchante sorcière qui épiait les enfants et qui n'avait bâti de pain sa maisonnette que pour les attirer.

Jacob et Wilhelm Grimm, « Hansel et Gretel », *Contes*, 1812,
d'après la traduction de Max Buchon, 1869.

Savoir faire

● Les caractéristiques du conte

- La **situation initiale** : elle permet de faire connaissance avec le héros.
- L'**élément déclencheur** : il fait apparaître un problème pour le héros.
- Les **péripéties** : ce sont les épreuves que traverse le héros pour régler le problème.
- Le **dénouement** : souvent la fin est heureuse car le héros est récompensé et le méchant est puni.

1 * Réponds aux questions sur le conte que tu viens de lire.

a. Quel est le titre de ce conte ? ....

b. Quel est l'auteur du conte ? ....

c. En quelle année a-t-il été traduit ? ....

d. Où se passe l'histoire ? Dans ....

e. Comment s'appellent les deux héros ? ....

f. Quels sont les deux personnages qui apparaissent comme méchants ? ....

....

2 ** Coche les deux phrases qui ont le même sens.

☐ *Qui lèche ma maisonnette ?*
☐ Qui lèche ma maison ?
☐ Qui lèche ma maisonnette ?
☐ **Qui mange ma maisonnette ?**

☐ Gretel arracha une grande porte en sucre.
☐ Gretel arracha une grande vitre en sucre.
☐ *Gretel déchira une grande vitre en sucre.*
☐ **Gretel arracha une grande vitre en sucre.**

3 ** Remets dans l'ordre les événements du conte.

☐ Hansel jette des miettes de pain sur le chemin de la forêt.

☐ Hansel et Gretel arrivent devant une maison en pain d'épices.

☐ La mère vient sortir Hansel et Gretel du lit.

☐ Hansel et Gretel s'aperçoivent que les miettes de pain ont été mangées par les oiseaux.

☐ Hansel console Gretel car ils sont perdus dans la forêt.

☐ Hansel et Gretel suivent le vol d'un bel oiseau blanc.

Bilan

4 *** Barre le mot qui ne convient pas.

« Voici ce qu'il nous faut, dit Hansel/Armel, et nous allons taire/faire un rond/bon repas. Je vais manger/nager un morceau du doigt/toit, Gretel ; toi, mange/range à la fenêtre, c'est bijoux/doux. »

Hansel grimpa en bas/haut et se cassa un marteau/morceau de toit, pour essayer quel goût/loup cela avait, pendant que Gretel se mit à lécher/pêcher les carreaux.

27 Écrire et copier

LE COIN DES PARENTS

Les mauvaises habitudes prises pour tenir le crayon sont pratiquement impossibles à corriger ensuite. Soyez donc vigilant à la tenue du crayon et à la façon de s'asseoir de votre enfant.

Livret parents → **Dictée 27**
→ **Corrigés** p. 15

Savoir

Je démarre !

Recopie en écriture cursive : Il était une fois...

Les types d'écritures

- L'écriture **script**

Elle est utilisée pour écrire avec un ordinateur ou pour imprimer des livres. Les lettres sont séparées les unes des autres.

- L'écriture **cursive**

Elle est utilisée à l'école et dans la vie de tous les jours. Les lettres sont liées entre elles et donc plus rapides à tracer.

Savoir faire

Écrire pour être lu

- Respecte le tracé des lettres et les lignes du cahier pour pouvoir te relire et être lu.
- Assieds-toi bien sur la chaise et incline légèrement ton cahier (à gauche si tu es droitier, à droite si tu es gaucher).
- Tiens ton crayon ou ton stylo entre le pouce et le majeur comme dans une pince. Ne crispe pas les doigts.
- Ta main, ton poignet et ton avant-bras sont alignés et posés sur la table et ton autre main tient le cahier.

Copier avec efficacité

Pour copier avec rapidité, tu dois mémoriser un ou deux mots entiers, puis les écrire. Quand cette étape sera atteinte, tu devras mémoriser des groupes de mots qui ont un sens ou bien utiliser la ponctuation.

- Première étape

J'ai / ainsi / vécu seul, / sans personne / avec qui / parler / véritablement, / jusqu'à / une panne / dans le désert / du Sahara, / il y a six ans. /
(Saint-Exupéry, *Le Petit Prince*.)

- Deuxième étape

J'ai ainsi vécu seul, / sans personne avec qui parler / véritablement, / jusqu'à une panne / dans le désert du Sahara, / il y a six ans. /

1 * Trace les lettres en t'appliquant.

R . . . R

H . . . H

B . . . B

H . . . H

2 * Recopie sans erreur sur les lignes du cahier, puis sur la ligne horizontale et enfin sans ligne.

Dax est une ville des Landes près de Bayonne.

→

→

Bilan

3 ** Copie cette poésie en cursive sans faire d'erreur et en respectant la mise en forme.

J'aime l'âne si doux
Marchant le long des houx.
Il prend garde aux abeilles
Et bouge ses oreilles ;
Et il porte les pauvres
Et des sacs remplis d'orge.
Il va, près des fossés,
D'un petit pas cassé.
Mon amie le croit bête
Parce qu'il est poète.
Il réfléchit toujours.
Ses yeux sont en velours.

Francis Jammes, extrait de « J'aime mon âne »

28 Produire des écrits

LE COIN DES PARENTS
Habituez votre enfant à écrire (liste des courses, cartes postales, etc.). Il prendra conscience de l'importance de produire un texte clair, lisible et bien rédigé.

Livret parents → **Dictées 0 et 0**
→ **Corrigés** p. 15

Savoir

Je démarre !

Donne une légende à cette image.

....

Les différents types d'écrits

Écrire est une représentation graphique de la parole et de la pensée pour communiquer :

– **des informations** ;
recette, règle de jeu, article de presse, lettre, affiche

– **des émotions.**
roman, conte, poésie, pièce de théâtre, bande dessinée

Écrire pour se faire comprendre

Quand on écrit, on ne peut pas se servir de la voix et des gestes pour se faire comprendre. De plus, la personne à qui l'on écrit n'est pas face à nous. Cela implique que nous utilisions un langage précis et un registre moins familier qu'à l'oral.

Savoir faire

Pour enrichir et préciser tes phrases, tu peux :

– **ajouter des adjectifs** dans les groupes nominaux ;
Le chien aboie sur le facteur. → le **gros** chien noir aboie sur le facteur **apeuré**.

– **remplacer les verbes comme avoir, être, faire, dire, mettre** par des verbes plus précis ;
Il a peur. → Il **tremble** de peur. Il fait la vaisselle. → Il **lave** la vaisselle.

– **éviter les répétitions** en utilisant des pronoms personnels ou des mots synonymes ;
Amélie sort du cinéma. Soudain Amélie s'arrête. Amélie s'est aperçue qu'il pleut.
Amélie sort du cinéma. Soudain **elle** s'arrête. **La jeune fille** s'est aperçue qu'il pleut.

– **ajouter des compléments** pour enrichir les phrases.
Elle joue au ballon. → **Aujourd'hui**, elle joue au ballon **sur l'herbe tout juste tondue**.

Pour bien relire ton texte, tu peux vérifier que :

– ton écriture est lisible ;
– tu as bien mis les majuscules et les points ;
– tu as fait les accords dans le groupe nominal et entre le sujet et le verbe ;
– les terminaisons des verbes sont en accord avec les sujets.

1 * Ajoute des adjectifs pour enrichir les phrases.

a. Le .... cheval .... galope dans la campagne .... (blanc – verdoyante – grand)

b. Les enfants .... jouent avec un cerf-volant .... sur la plage .... (coloré – joyeux – déserte)

c. Les touristes montent dans le .... paquebot et déposent leurs .... sacs sur le pont .... (magnifique – ciré – gros)

d. Il faut débuter cette .... journée en prenant un petit-déjeuner .... et .... (appétissant – longue – copieux)

e. Les randonneurs .... arrivent près du lac .... mais .... (glacé – fatigués – bleu)

2 * Recopie les phrases en proposant un verbe plus précis.

a. J'ai très faim. → ....

b. Cette usine fait des tapis en laine. → ....

c. Mets ton écharpe au portemanteau. → ....

d. Il met son bonnet. → ....

e. Le petit cochon fait sa maison en bois. → ....

f. Cet artiste fait des sculptures en bronze. → ....

g. Les feuilles des arbres sont sur les trottoirs. → ....

Bilan

3 *** Souligne les répétitions, puis supprime-les en utilisant des noms ou des pronoms.

a. Le pélican vole au-dessus du lac. Soudain, le pélican plonge vers l'eau. Le pélican a attrapé un poisson.

....

....

b. Un chat somnole sur le canapé. Ce chat s'appelle Buzz. C'est un chat qui vit la nuit.

....

....

c. Mon pantalon est déchiré. Maman va recoudre mon pantalon et je pourrai porter mon pantalon pour aller au marché.

....

....

Évaluation

Livret parents → Corrigés p. 15

1. Classe du plus au moins familier.

a. un copain – un pote – un ami

b. déguster – bouffer – manger

...... / 1

2. Écris le nom générique.

a. Marie – Lise – Aline – Yasmine : ....

b. hibou – mouette – aigle - cigogne : ....

...... / 1

3. Complète les expressions.

a. L'eau .... à 90 °C, mais je .... d'impatience.

b. Rapide comme l'.......... ou un .... au chocolat.

...... / 1

4. Supprime le préfixe ou le suffixe pour écrire un nouveau mot.

a. déplaire → ....

b. affichette → ....

...... / 1

5. Vrai ou faux ?

Tu te sens bien quand :

a. tu es joyeux ....

b. tu as peur ....

...... / 1

6. Colorie les mots selon leur classe et le code suivant :

le – avion – beau – chanter – puis – je

chat – alors – nous – fêter – gentil – un – elle – la – rouge

...... / 1

7. Transforme au singulier ou au pluriel.

a. un chien → ....

b. .... → les amis

...... / 1

8. Souligne les groupes nominaux.

a. Les feuilles tombent sur le trottoir.

b. Le vent glacé souffle à travers la campagne.

...... / 1

9. Recopie les verbes de l'exercice 8.

a. ....

b. ....

...... / 1

10. Souligne les compléments.

a. Tous les jours, je pars au travail en vélo.

b. Mon oncle conduit un bus.

...... / 1

11. Trouve la question qui a été posée.

a. Mon prénom est Lydia.

....

b. Que cette voiture roule vite !

....

...... / 1

12. Transforme la phrase en supprimant les guillemets.

Lise dit à son frère : « Tu peux venir avec moi au cinéma. »

....

....

...... / 1

13. **Complète comme dans l'exemple :**
je viens / venir / venu

a. je vais / .... / ....
b. je .... / dire / ....

...... | 1

14. **Conjugue au présent.**

a. relier → il ....
b. manger → nous ....

...... | 1

15. **Conjugue au futur.**

a. être → je ....
b. pouvoir → ils ....

...... | 1

16. **Entoure les verbes à l'imparfait.**

était – avait – bienfait – faisait – mangeait – trait – disais – engrais

...... | 1

17. **Relie pour conjuguer.**

Nous •	• as perdu
L'oiseau •	• avons menti
Tu •	• a chanté

...... | 1

18. **Ajoute les accents.**

a. la foret   b. Ou repetes-tu ?

...... | 1

19. **Écris les noms au pluriel.**

a. un cheveu → des ....
b. un œil → des ....

...... | 1

20. **Écris les noms au féminin.**

a. un marquis → une ....
b. un loup → une ....

...... | 1

21. **Relie pour former un groupe nominal correct.**

des plaids •	• blanc
un coussin •	• soyeux

...... | 1

22. **Entoure les adjectifs au féminin.**

douce – beau – content – lourde – belle – doux – veloutée – contente – agile – velouté

...... | 1

23. **Complète les mots en trouvant leur lettre finale muette.**

a. l'exploi......
b. un outi......

...... | 1

24. **Complète avec des mots invariables.**

a. .... le chat n'est pas là, les souris dansent.
b. L'habit .... fait .... le moine.

...... | 1

25. **Lis à voix haute sans te tromper.**

Petit pot de beurre, quand te dépetit-pot-de-beurreriseras-tu ?
– Je me dépetit-pot-de-beurreriserai quand tous les petits pots de beurre se dépetit-pot-de-beurreriseront.

...... | 1

26. **Barre les phrases qui n'ont pas de sens.**

a. Le mur marche tout seul.
b. Le fer à vapeur a repassé mes souvenirs.
c. Léa prend une douche chaque jour.

...... | 1

TOTAL : ...... | 26

1 Lire et écrire les nombres

LE COIN DES PARENTS
Il est très utile d'utiliser un tableau de numération avec 4 colonnes (milliers, centaines, dizaines, unités) pour rappeler la valeur de chaque chiffre selon le rang qu'il occupe dans le nombre.

Livret parents → **Corrigés** p. 16

Savoir

Calcul mental

7 + 5 = ...	3 + 9 = ...
6 + 8 = ...	42 + 7 = ...
2 + 4 = ...	72 + 3 = ...

- **Les nombres s'écrivent :**
– avec les **chiffres** : 0, 1, 2, 3, 4, 5, 6, 7, 8, 9 ;
– ou des **mots-nombres** : zéro, un, deux, trois, quatre, cinq, six, sept, huit, neuf, dix, onze, douze, treize, quatorze, quinze, seize, vingt(s), trente, quarante, cinquante, soixante, cent(s), mille.
Il faut mettre un trait d'union entre chaque mot-nombre.

- **Les nombres écrits en lettres sont invariables sauf les mots « vingt » et « cent » qui peuvent prendre un « s » lorsqu'ils sont placés en dernier.**

deux-**cent**-quatre-**vingts** ou sept-mille-six-**cents**
mais deux-**cent**-quatre-**vingt**-trois

Savoir faire

- **Pour lire ou écrire un nombre, tu peux utiliser un tableau de numération.**

milliers	centaines	dizaines	unités
6	7	9	8
↑ chiffre des milliers	↑ chiffre des centaines	↑ chiffre des dizaines	↑ chiffre des unités

6 798 c'est : 6 milliers 7 centaines 9 dizaines 8 unités.
Un **espace** sépare la classe des mille et la classe des unités.

- **N'oublie pas de mettre un zéro quand il n'y a pas d'unité, de dizaine ou de centaine.**

m	c	d	u
7	2	3	0

sept-mille-deux-cent-trente

m	c	d	u
2	3	0	5

deux-mille-trois-cent-cinq

m	c	d	u
5	0	2	3

cinq-mille-vingt-trois

1 ★ Entoure le nombre en chiffres qui correspond au nombre écrit en lettres.

a. mille-cinq-cent-soixante-quatre

1 000 564 – 1 164 – 1 564 – 100 564

b. trois-mille-deux

3 200 – 3 002 – 3 222 – 3 000 002 – 1 102

c. sept-mille-cent

7 000 100 – 7 001 – 1 701 – 7 100 – 70 100

2 ★ Place ces nombres dans le tableau de numération.

sept-mille-huit-cent-vingt

neuf-mille-douze

six-mille-cent-trois

m	c	d	u
....	....	....	....
....	....	....	....
....	....	....	....

3 ★★ Écris en chiffres.

a. soixante-dix-neuf : ....

b. huit-cent-quatre-vingts : ....

c. deux-mille-douze : ....

d. trois-mille-six-cent-vingt-et-un :

....

4 ★★ Écris en lettres.

a. 87 : ....

b. 399 : ....

....

c. 8 042 : ....

....

d. 5 617 : ....

....

Continue c'est par LÀ !

Bilan

5 ★★★ Jeu du portrait. Écris la réponse en chiffres puis en lettres.

a. Je suis un nombre de 3 chiffres. Mon chiffre des centaines est 8. Mon chiffre des dizaines est la moitié de celui des centaines. Mon chiffre des unités correspond au double de celui des dizaines.

....

....

b. Je suis un nombre de 4 chiffres, si on m'ajoute 2 milliers et 1 unité, tous mes chiffres sont alors égaux à 8.

....

....

2 Décomposer les nombres

LE COIN DES PARENTS
Faites bien repérer à votre enfant que l'on peut décomposer un nombre comme on l'entend à l'oral. Par exemple, dans 3 251, on entend « 3 mille », « 2 cent », « cinquante » et « un ». 3 251 est donc égal à 3 000 + 200 + 50 + 1.

Livret parents → **Corrigés** p. 16

Calcul mental

9 – 5 = ... 7 – 6 = ...

12 – 3 = ... 15 – 7 = ...

25 – 6 = ... 55 – 4 = ...

- **Décomposer un nombre, c'est l'écrire en utilisant les milliers, les centaines, les dizaines et les unités.**

3 251, c'est :

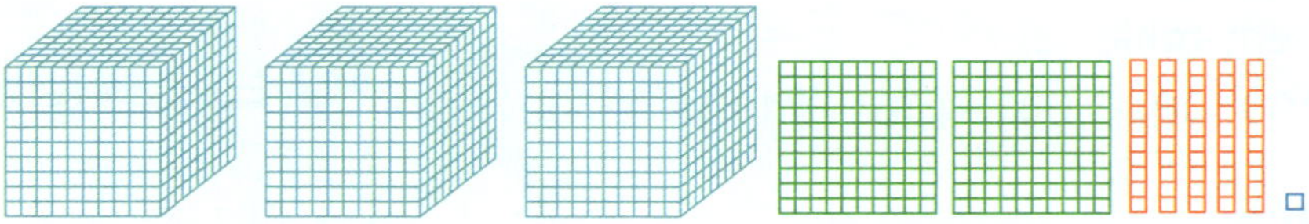

→ 3 paquets de 1 000, 2 paquets de cent, 5 paquets de dix et 1 élément isolé
→ 3 milliers + 2 centaines + 5 dizaines + 1 unité
→ 3 m 2 c 5 d 1 u
→ 3 000 + 200 + 50 + 1
→ (3 × 1 000) + (2 × 100) + (5 × 10) + 1

- **Pour décomposer un nombre, tu ne dois pas confondre nombre et chiffre.**

- **Le chiffre** est le caractère qui est écrit dans chaque colonne, il n'y en a que dix : 0 – 1 – 2 – 3 – 4 – 5 – 6 – 7 – 8 – 9.
- **Le nombre** sert à représenter la quantité d'unités, de dizaines, de centaines ou d'unités.

- **Tu peux utiliser un tableau de numération.**

m	c	d	u
3	2	5	1

3 251, c'est 3 m + 2 c + 5 d + 1 u mais on peut aussi l'écrire :

3 251 = 3 251 u → Le chiffre des unités est 1, mais le nombre d'unités est 3 251.

3 251 = 325 d + 1 u → Le chiffre des dizaines est 5, mais il y a 325 dizaines.

3 251 = 32 c + 5 d + 1 u → Le chiffre des centaines est 2, mais il y a 32 centaines.

1 ★ Écris en chiffres les nombres suivants.

a. 5 m 8 c 6 d 3 u = ...

b. 2 m 5 d 1 u = ...

c. 4 u 6 c 3 d = ...

d. 5 c 4 m 5 u = ...

e. (6 × 1 000) + (7 × 100) + (3 × 10) + 6 = ...

f. (2 × 1 000) + (5 × 10) + 4 = ...

g. (25 × 100) + 23 = ...

2 ★★ Complète le tableau en suivant l'exemple.

2 356	2 m 3 c 5 d 6 u	(2 × 1 000) + (3 × 100) + (5 × 10) + 6
5 237	....	....
6 042	....	....
3 305	....	....

3 ★★ Complète les phrases.

a. Dans 7 021, ... est le chiffre des unités, ... est le nombre d'unités.

b. Dans 2 391, ... est le chiffre des dizaines, ... est le nombre de dizaines.

c. Dans 5 692, ... est le chiffre des centaines, ... est le nombre de centaines.

Bilan

4 ★★★ Combien y a-t-il d'argent dans ce coffre-fort ?
Colorie toutes les étiquettes qui correspondent à ce montant.

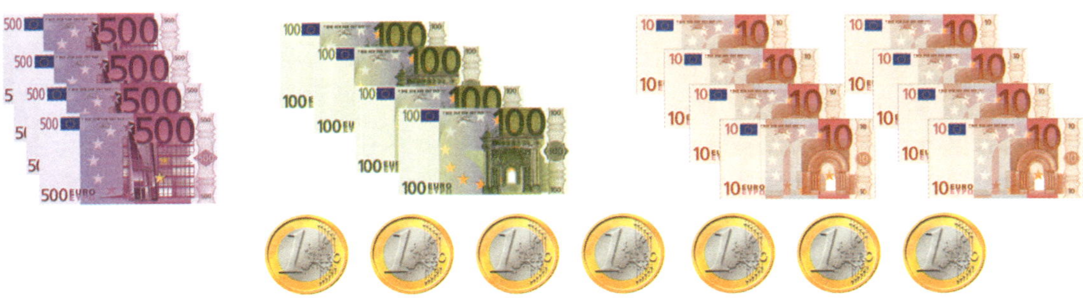

(2 × 1 000) + (4 × 10) + (8 × 100) + 7	248 d + 7	(24 × 100)+ 87	2 847

Je m'évalue

3 Comparer et ranger

LE COIN DES PARENTS
Au CE1, votre enfant a appris à comparer des nombres à 3 chiffres. C'est la même stratégie ici. Il faut comparer d'abord les chiffres des milliers puis, en se déplaçant sur la droite, les chiffres des centaines, dizaines et unités.

Livret parents → **Corrigés** p. 16

Calcul mental

2 + 5 + 8 = ...
6 + 9 + 1 = ...
1 + 15 + 6 = ...
7 + 4 + 3 = ...
8 + 4 + 5 = ...
23 + 5 + 2 = ...

- **Pour comparer des nombres, on utilise les signes <, > et = :**

2 082 < 3 510 → 2 082 est inférieur à 3 510.
4 772 > 3 072 → 4 772 est supérieur à 3 072.

- **On peut ranger les nombres :**

– dans **l'ordre** croissant : du plus petit au plus grand.
1 203 < 2 085 < 3 420 < 6 807
– dans **l'ordre** décroissant : du plus grand au plus petit.
6 807 > 3 420 > 2 085 > 1 203

- **Pour comparer deux nombres, tu dois d'abord comparer leur nombre de chiffres.**

- Celui qui a le plus de chiffres est le plus grand : 8 690 > 690
- Si les deux nombres ont **le même nombre de chiffres** :

– tu compares d'abord le nombre de milliers, 4 625 < 6 625 car 4 < 6
– puis, si besoin, le nombre de centaines, 4 625 < 4 725 car 46 < 47
– le nombre de dizaines, 4 625 < 4 635 car 462 < 463
– et enfin le nombre d'unités. 4 625 < 4 629

- **Pour ranger des nombres dans l'ordre croissant, trouve d'abord le plus petit de la liste. Puis cherche le plus petit de ceux qui restent, et ainsi de suite.**

1 *

Compare la longueur de ces deux fleuves. Lequel est le plus long ?

La Loire (1 012 km) – Le Rhin (1 320 km)

....

2 *

Compare les nombres suivants en utilisant < ou >.

a. 502 .... 654 c. 9 879 .... 9 889 e. 5 260 .... 5 261

b. 636 .... 6 360 d. 5 623 .... 4 322 f. 9 889 .... 9 099

3 **

Numérote les parcs d'attractions du plus fréquenté au moins fréquenté.

Numéros	Parcs d'attractions	Nombre de visiteurs par jour
....	Futuroland	8 453
....	Aquafunny	9 562
....	Starcity	9 653
....	Adventurepark	8 574

4 **

Range dans l'ordre croissant.

568 – 698 – 6 980 – 598 – 9 980

....

5 **

Range dans l'ordre décroissant.

758 – 785 – 8 570 – 5 870 – 8 472

....

Bilan

6 ***

Découvre les deux nombres mystères. Ils sont tous les deux composés des 4 chiffres : 4, 5, 6 et 7.

a. Je suis le plus grand nombre possible, je suis ....

b. Je suis le plus petit nombre possible, je suis ....

4 Encadrer et se repérer

LE COIN DES PARENTS
Vous pouvez chercher avec votre enfant des exemples concrets de droites numériques graduées dans la vie courante : une règle, un thermomètre, une frise historique. Pour chaque exemple, faites-lui repérer l'origine et les graduations.

Livret parents → **Corrigés** p. 16

Calcul mental

9 + 4 − 2 + 6 = ...
8 + 2 + 5 − 4 = ...
5 + 5 − 4 + 3 = ...
7 + 4 + 5 − 6 = ...

- **Encadrer un nombre, c'est le placer entre deux autres nombres entiers : l'un plus petit que lui, l'autre plus grand.**

653 < 654 < 655

Ici, on a encadré 654. On dit que « 654 est compris entre 653 et 655 ».

- **On peut aussi placer un nombre sur une demi-droite graduée.**
  - Plus le nombre se situe à droite, plus il est grand.
  - Sur une droite numérique, on choisit :

– l'origine ;
– l'unité de mesure des graduations (1 carreau, 1 cm...) ;
– l'écart entre les nombres : elle peut être graduée de 10 en 10, de 100 en 100, de 1 000 en 1 000...

Voici une droite graduée de 500 en 500, à partir de 3 000, avec 2 cm pour unité.

- **Tu peux encadrer un nombre :**

– à l'**unité** près :	781 < 782 < 783
– à la **dizaine** près :	780 < 782 < 790
– à la **centaine** près :	700 < 782 < 800

Crois EN TOI !

1 ★ Complète la droite graduée.

200 .... 500 900

2 ★ Écris la suite des nombres en respectant l'écart.

5 600 5 700 ....

3 ★★ Place ces nombres sur la droite numérique graduée.

2 500 – 1 000 – 5 500 – 3 000

0 .... 2 000 .... 4 000 .... 6 000 ....

4 ★★ Encadre chaque nombre à l'unité, à la dizaine puis à la centaine près.

a. À l'unité près : .... < 563 < .... < 3 627 < ....

b. À la dizaine près : .... < 563 < .... < 3 627 < ....

c. À la centaine près : .... < 563 < .... < 3 627 < ....

Bilan

5 ★★★ Place approximativement sur cette droite graduée les événements suivants à l'aide d'une flèche.

Découverte de l'Amérique par Christophe Colomb 1492	Prise de la Bastille 1789	Fin de la Première Guerre mondiale 1918

1500 1700 1900

5 L'addition

LE COIN DES PARENTS

Demandez à votre enfant, lorsqu'il écrit le résultat d'une addition, de vérifier sa vraisemblance en utilisant la méthode de l'ordre de grandeur. Cela lui permettra d'éviter des erreurs d'étourderie.

Livret parents → **Corrigés** p. 16

Calcul mental

6 + ... = 10
8 + ... = 10
1 + ... = 10
3 + ... = 10
5 + ... = 10
7 + ... = 10

- **Pour ajouter plusieurs nombres, on effectue une addition.**

9 + 3 = 12 ← somme
(9 et 3 : termes)

- **Pour calculer facilement des additions, il faut pouvoir dire le résultat rapidement.**

C'est pour cela qu'il faut connaître les **tables d'additions** par cœur.

- **Pour vérifier la vraisemblance du résultat, on peut évaluer un ordre de grandeur.**

590 + 206 est proche de 600 + 200, donc la somme sera proche de 800.

Si on calcule : 590 + 206 = 796 → 796 est bien proche de 800.

- **Pour calculer une addition, tu peux la poser en colonne.**

Tu dois aligner les chiffres dans chaque colonne.

Tu dois d'abord additionner les unités, puis les dizaines, puis les centaines, etc.

	c	d	u
		①	
	9	4	7
+	6	2	5
1	5	7	2

❶ Tu additionnes les unités :
7 u + 5 u = 12 u = 1 d + 2 u
Tu poses 2 et tu retiens 1.

❷ Tu additionnes les dizaines :
1 d + 4 d + 2 d = 7 d
Tu poses 7.

❸ Tu additionnes les centaines :
9 c + 6 c = 15 c = 1 m + 5 c
Tu poses 15.

1 ★

Évalue un ordre de grandeur du résultat. Entoure le nombre le plus proche.

a. 59 + 38 =	80	90	100
b. 290 + 105 =	300	400	500
c. 3 110 + 4 029 =	7 000	8 000	9 000

2 ★★

Pose et effectue les additions.

a. 320 + 566   b. 691 + 22   c. 123 + 791   d. 856 + 325

3 ★★

Complète les additions. N'oublie pas les retenues.

a.
```
    5  6  ......
+   2  ...... 3
---------------
 ......  8  9
```

b.
```
    6  ......  5
+ ......  5  6
---------------
    8  7  ......
```

c.
```
 ......  ......  ......
+         5  2
---------------
    2  5  1
```

Bilan

4 ★★★

Ce train transporte trois conteneurs.
Quelle est la masse totale des conteneurs ?

....

....

6 La soustraction

LE COIN DES PARENTS
Il existe deux techniques de soustraction : la technique classique avec des retenues, comme expliqué ici ; et la méthode par cassage, qui a pu être enseignée à votre enfant en classe.

Livret parents → **Corrigés** p. 16

Savoir

- **Pour calculer ce qui manque, ce qui reste ou bien une différence ou un écart entre deux nombres, on effectue une soustraction.**
- **Le résultat d'une soustraction s'appelle la différence.**
- **Pour vérifier la vraisemblance du résultat, on peut évaluer un ordre de grandeur.**

910 – 498 est proche de 900 – 500, donc la différence sera proche de 400.
Si on calcule : 910 – 498 = 412 → 412 est bien proche de 400.

Calcul mental

Écris tous les nombres impairs jusqu'à 19.

....

....

Écris tous les nombres pairs jusqu'à 20.

....

....

Savoir faire

- **Pour calculer une soustraction, tu peux la poser en colonne.**

Tu dois d'abord soustraire les unités, puis les dizaines, les centaines, et les milliers.

	m	c	d	u
	8	16	5	12
–	6 1	7	3 1	3
	1	9	1	9

1. Tu soustrais les **unités** :
2 u – 3 u → C'est impossible, alors tu ajoutes 10 unités au chiffre du haut et 1 dizaine au chiffre du bas pour garder la même différence.
12 u – 3 u = 9 u
2. Tu soustrais les **dizaines** :
3 d + 1 d = 4 d et 5 d – 4 d = 1 d
3. Tu soustrais les **centaines** :
6 c – 7 c → C'est impossible, alors tu ajoutes 10 centaines au chiffre du haut et 1 millier au chiffre du bas pour garder la même différence.
16 c – 7 c = 9 c
4. Tu soustrais les **milliers** :
6 m + 1 m = 7 m et 8 m – 7 m = 1 m

Tu peux vérifier ton calcul en posant une addition, c'est **la preuve**.
6 733 + 1 919 = 8 652

1 ★ Relie chaque soustraction à l'ordre de grandeur de son résultat.

a. 809 – 502 = •	• 100
b. 1 300 – 1 198 = •	• 300
c. 573 – 79 = •	• 200
d. 3 492 – 3 305 = •	• 500

2 ★★ Effectue les soustractions suivantes.

a.
```
   6 9 8
 – 5 2 7
 -------
   … … …
```

b.
```
   9 2 5
 – 5 1 8
 -------
   … … …
```

c.
```
   8 1 3 9
 – 6 0 8 7
 ---------
   … … … …
```

Écris l'addition qui permet de vérifier si ton résultat est correct.

d.
```
   … … …
 + … … …
 -------
   … … …
```

e.
```
   … … …
 + … … …
 -------
   … … …
```

f.
```
   … … … …
 + … … … …
 ---------
   … … … …
```

Bilan

3 ★★★ Hugo et Anaïs participent à une course d'escaliers à la Tour Eiffel.

Ils doivent gravir 1 665 marches en tout.

a. **Hugo a déjà grimpé 1 236 marches. Combien de marches lui reste-t-il à gravir pour arriver au sommet ?**

……………………………………………………

……………………………………………………

……………………………………………………

……………………………………………………

b. **Il reste encore 722 marches à gravir pour Anaïs. Combien de marches a-t-elle déjà montées ?**

……………………………………………………

……………………………………………………

……………………………………………………

……………………………………………………

7 Le sens de la multiplication

LE COIN DES PARENTS
Il est important que votre enfant comprenne pourquoi on utilise les multiplications : c'est un gain de temps.
On peut remplacer plusieurs additions par une seule opération de multiplication.

Livret parents → **Corrigés** p. 16

Calcul mental

Complète les séries :

35 – 40 – 45 – .... – .... – .... – ....

157 – 167 – 177 – .... – .... – .... – ....

- **Dans la multiplication, les nombres s'appellent des facteurs. Le résultat s'appelle le produit. On utilise le signe ×.**

- **Pour ajouter plusieurs fois le même nombre, on peut effectuer une multiplication. C'est plus rapide qu'une addition.**

Il y a 4 fois 3 sucettes.
$3 + 3 + 3 + 3 = 4 \times 3$

Il y a 3 fois 4 billes.
$4 + 4 + 4 = 3 \times 4$

- **Une multiplication peut s'effectuer dans les deux sens.**

$4 \times 3 = 3 \times 4 = 12$

- **Pour calculer le nombre de fenêtres de cet immeuble, tu peux le schématiser sous forme de tableau.**

Il y a 5 lignes de 4 carreaux :

$5 \times 4 = 4 + 4 + 4 + 4 + 4 = 20$

Il y a 4 colonnes de 5 carreaux :

$4 \times 5 = 5 + 5 + 5 + 5 = 20$

- **Lorsqu'un calcul comporte plusieurs opérations, on effectue d'abord le calcul entre parenthèses.** $(2 \times 6) + 3 = 15$, mais $2 \times (6 + 3) = 18$

1 ★ **Écris chaque addition sous la forme d'une multiplication et inversement.**

a. 65 + 65 + 65 + 65 = ...

b. 2 + 2 + 2 + 2 + 2 + 2 + 2 + 2 = ...

c. 4 × 3 = ...

d. 6 × 5 = ...

2 ★ **Colorie toutes les étiquettes qui correspondent au nombre de chocolats dans cette boite.**

4 + 4 + 4	4 × 3	4 × 4	3 × 3
3 × 4	3 + 3 + 3 + 3	3 + 3	

3 ★ **Écris les multiplications qui correspondent aux nombres de carreaux.**

a. ...... × ...... = ...

b. ...... × ...... = ...

4 ★★ **Entoure l'opération qui correspond à chaque phrase.**

a. Florine a acheté 6 boites de sablés contenant 12 biscuits chacun.

6 + 12   6 × 12

b. Estelle a acheté 3 paquets de biscuits au chocolat et 2 paquets de biscuits à la framboise.

3 + 2   3 × 2

c. Un camion transporte 35 cartons bleus et 18 cartons jaunes.

35 + 18   35 × 18

Bilan

5 ★★★ **Un hôtel de 9 étages dispose de 4 chambres à chaque étage. Chaque chambre dispose de 2 fenêtres. Combien y a-t-il de fenêtres dans cet hôtel ?**

....

....

Je m'évalue

8 Multiplicateur à un chiffre

LE COIN DES PARENTS
L'apprentissage des tables de multiplication n'est pas toujours évident. N'hésitez pas à varier les méthodes de mémorisation : construction des tables, observation, tables à compléter, chansons, devinettes, jeux, dessins, récitation...

Livret parents → **Corrigés** p. 16

Savoir

Calcul mental

5 + 9 = ... 48 + 9 = ...

11 + 9 = ... 25 + 9 = ...

- **Il est important de connaître par cœur les tables de multiplications pour calculer rapidement (voir en début d'ouvrage).**

- **Pour multiplier deux nombres, tu peux effectuer le calcul en ligne.**

32 × 3 = ? → Tu décomposes 32 en 30 + 2
32 × 3 = → c'est (**30** × 3) + (**2** × 3)
32 × 3 = 90 + 6 = 96

Savoir faire

- **Pour multiplier un nombre par un nombre à un chiffre, tu peux poser l'opération en colonne.**

	c	d	u
	1	2	
	5	2	4
x			6
3	1	4	4

1. Tu multiplies d'abord les **unités** :
   6 × 4 = 24
   24 unités, c'est 2 dizaines et 4 unités.
   Tu poses 4 unités et tu mets 2 dizaines en retenue.
2. Tu multiplies ensuite les **dizaines** :
   6 × 2 = 12
   Tu ajoutes la retenue : 12 + 2 = 14.
   14 dizaines, c'est 1 centaine et 4 dizaines.
   Tu poses 4 dizaines et tu retiens 1 centaine en retenue.
3. Tu multiplies ensuite **les centaines** :
   6 × 5 = 30
   Tu ajoutes la retenue : 30 + 1 = 31 centaines.
   31 centaines, c'est 3 milliers et 1 centaine.
   Tu poses 1 centaine et 3 milliers.

Tu t'améliores de jour en jour

1 * Complète ces suites de nombres.

a. 3 – 6 – 9 – .... – .... – .... – .... – .... – .... – 30
b. 5 – 10 – .... – .... – .... – .... – .... – .... – 50
c. 7 – 14 – .... – .... – .... – .... – .... – .... – 70
d. 9 – 18 – .... – .... – .... – .... – .... – .... – 90

2 * Complète.

a. 16 = 2 × .... c. 18 = 3 × .... e. 15 = 5 × .... g. 56 = 7 × ....
b. 32 = 4 × .... d. 60 = 6 × .... f. 45 = 9 × .... h. 48 = 8 × ....

3 ** Calcule en ligne.

a. 51 × 2, c'est (........ × 2) + (........ × 2)
51 × 2 = ... + ... = ...

b. 23 × 3, c'est (........ × 3) + (........ × 3)
23 × 3 = ... + ... = ...

4 ** Effectue les multiplications.

a.
```
   4 7
×    3
------
 . . .
```

b.
```
   2 5
×    6
------
 . . .
```

c.
```
   3 9 8
×      2
--------
   . . .
```

d.
```
   1 9 7
×      4
--------
   . . .
```

Bilan

5 *** Pose et effectue les multiplications.

a. 123 × 8
b. 408 × 7
c. 1 439 × 5

Je m'évalue

NOMBRES ET CALCULS

9 Multiplicateur à deux chiffres

LE COIN DES PARENTS
Il est important que votre enfant comprenne cette leçon pour donner du sens à ce qu'il fait et n'applique pas une technique apprise mais non comprise. Estimer l'ordre de grandeur du résultat avant de poser la multiplication peut permettre d'éviter des erreurs.

Livret parents → Corrigés p. 17

Calcul mental

58 + 10 = ...

95 + 100 = ...

6 523 + 1 000 = ...

● **Quand le multiplicateur est à deux chiffres, il faut effectuer deux multiplications puis additionner les deux produits.**

● Pour effectuer la multiplication 56 × 32 en colonne, on décompose 32 en 30 + 2.

56 × **32** c'est (56 × **2**) + (56 × **30**)

56 × 32 = 112 + 1 680 = 1 792

● **Pour multiplier un nombre par un nombre à deux chiffres, pose l'opération en colonne.**

	m	c	d	u
			1	
			1	
			5	6
x			3	2
		1	1	2
	1	6	8	0
	1	7	9	2

1. Tu multiplies 56 par **2 unités.**
   56 × 2 = 112
2. Tu multiplies ensuite 56 par **30 unités** ou **3 dizaines** (c'est plus facile !).
   Attention : n'oublie pas de mettre un **zéro** dans la colonne des unités.
   56 × **3** = 168
   56 × **30** = **1 680**
3. Enfin, tu additionnes les deux produits.
   112 + 1 680 = 1 792.

● Pour multiplier par 10, tu ajoutes un zéro à droite du nombre que tu multiplies.

43 × 10 = 430

● Pour multiplier par 100, tu ajoutes deux zéros à droite du nombre que tu multiplies.

56 × 100 = 5 600

● Pour multiplier par 20, tu multiplies par 2 puis par 10.

● Pour multiplier par 300, tu multiplies par 3 puis par 100.

1 ★ Complète les égalités suivantes.

a. 251 × 10 = ...
b. 32 × 20 = ...
c. 11 × 30 = ...
d. 36 × 100 = ...
e. 18 × 200 = ...
f. 25 × 40 = ...
g. 2 000 = 100 × ......
h. 250 = 10 × ......

2 ★ Calcule en ligne.

a. 51 × 25, c'est (51 × ......) + (51 × ......)
51 × 25 = ... + ... = ...

b. 34 × 12, c'est (34 × ......) + (34 × ......)
34 × 12 = ... + ... = ...

3 ★★ Effectue les multiplications.

a.
```
   2 5
 × 3 5
```

b.
```
   1 4
 × 2 7
```

c.
```
   1 3 9
 ×   6 8
```

d.
```
   2 5 5
 ×   3 9
```

4 ★★★ Pose puis effectue les multiplications.

a. 32 × 14
b. 56 × 65
c. 460 × 19
d. 268 × 28

Bilan

5 ★★★ Un parking dispose de 19 allées de 34 places chacune. 623 voitures sont déjà garées. Combien reste-t-il de places ?

NOMBRES ET CALCULS

10 La division

LE COIN DES PARENTS

Pour faire comprendre le sens de la division, prenez un jeu de cartes et faites calculer à votre enfant le nombre de cartes à distribuer à chaque joueur.

Livret parents → **Corrigés** p. 17

Calcul mental

480 + 20 = ...
564 + 400 = ...
2 300 + 5 000 = ...
637 + 30 = ...
325 + 700 = ...
1 532 + 6 000 = ...

- **La division permet de grouper ou partager en parts égales.**
- Si l'on veut partager équitablement 20 fraises entre 4 amis, chaque ami aura 5 fraises.
On écrit : 20 : 4 = 5 car 20 = 4 × 5.

- Si l'on veut partager équitablement 22 fraises entre 4 amis, chaque ami aura 5 fraises et il en restera 2.
On écrit : 22 = (4 × 5) + 2.

- **Pour poser une division, tu écris l'opération dans une potence.**

dividende ↓		
9 5	4	← diviseur
– 8	2 3	← quotient
1 5		
– 1 2		
3		← reste

① Tu partages les dizaines.
Dans 9, combien de fois 4 ?
4 × 2 = 8
J'écris 2 au quotient et je retire 8 dizaines.
9 – 8 = 1. Il reste 1.

② Tu partages les unités.
Tu abaisses le 5.
Dans 15, combien de fois 4 ?
4 × 3 = 12
J'écris 3 au quotient et je retire 12 unités.
15 – 12 = 3. Il reste 3

- On écrit : 95 = (4 × 23) + 3
Dans la division de 95 par 4, le **quotient** est 23 et le **reste** est 3.

1 * Coche la bonne réponse.

Tu apprends rapidement

a. 3 amis se partagent 18 biscuits.

☐ Ils auront chacun le même nombre de biscuits.

☐ Ils n'auront pas le même nombre de biscuits chacun.

b. L'institutrice veut former des équipes avec ses 24 élèves.

☐ Elle choisit de former des équipes de 5 joueurs.

☐ Elle choisit de former des équipes de 6 joueurs.

c. Clémentine a préparé 21 profiteroles pour le dîner, elle veut en mettre 3 par assiette.

☐ Elle attend 6 invités.

☐ Elle attend 7 invités.

2 ** Indique la valeur du quotient et du reste pour les divisions suivantes et justifie ta réponse en complétant les égalités.

a. 65 : 8 ? 65 = (8 × ....) + ... Le quotient est égal à .... et le reste est égal à ....

b. 84 : 9 ? 84 = (9 × ....) + ... Le quotient est égal à .... et le reste est égal à ....

c. 47 : 5 ? 47 = (5 × ....) + ... Le quotient est égal à .... et le reste est égal à ....

3 *** Pose puis effectue les divisions.

a. 78 : 4

b. 65 : 3

c. 83 : 2

Bilan

4 *** Le fleuriste vend des bouquets composés de 7 tulipes.

Il dispose de 93 tulipes.

Combien de bouquets pourra-t-il constituer ?

93 = (........ × ....) + ...

Il pourra constituer .... bouquets.

Il lui restera .... tulipes.

11 Résoudre un problème

LE COIN DES PARENTS
La résolution de problèmes permet à votre enfant d'établir une stratégie et de réinvestir ses connaissances. Il faut l'encourager à faire des petits schémas afin de l'aider à mieux comprendre.

Livret parents → **Corrigés** p. 17

Calcul mental

46 + ... = 50
120 + ... = 140
847 + ... = 850
300 + ... = 500

- **Un énoncé de problème comporte des informations et des questions.**

- **Les informations peuvent être données sous différentes formes : textes, tableaux, graphiques...**

- Pour lire un tableau, je croise les informations données en lignes avec celles données en colonnes.

colonne ↓

ligne →

	CP	CE1
Filles	10	11
Garçons	12	13

Il y a 11 filles dans la classe de CE1.

- Pour lire un graphique, je croise les informations données par l'axe vertical avec celles données par l'axe horizontal.

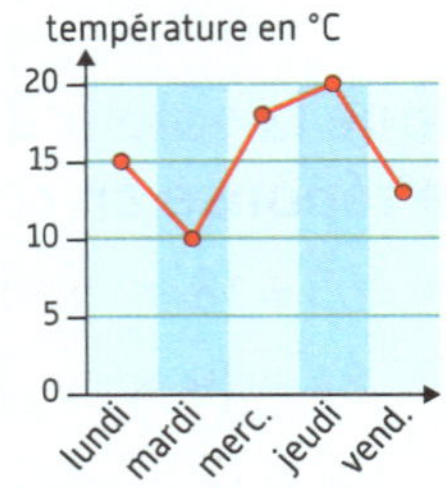

Mercredi, la température a été de 18 °C.

- **Pour résoudre un problème, tu dois respecter 4 étapes.**

1. **Comprendre l'énoncé.**
Tu dois faire le lien entre les informations données et les questions posées.

2. **Analyser les données.**
Tu choisis les informations utiles et écartes les informations inutiles.
Tu peux t'aider d'un schéma pour mieux visualiser.

3. **Choisir l'opération.**
Tu choisis l'opération qui convient, tu effectues le calcul puis tu écris le résultat.
Tu peux présenter tes résultats sous la forme d'une opération en ligne ou en colonnes.
Certains problèmes nécessitent plusieurs opérations. Il faut procéder par étapes.

4. **Rédiger une phrase pour répondre.**
N'oublie pas d'indiquer les unités : billes, images, €, kg, m, L, h ou min...

1 ★ **Voici un tableau avec la répartition des élèves de l'école du village cette année. Complète le tableau et réponds aux questions.**

	CP	CE1	CE2	CM1	CM2	Total
Filles	12	15	13	8	11	....
Garçons	10	11	12	14	8	....
Total	....	....	....	....	....	....

a. Y a-t-il plus de filles ou de garçons dans cette école ?

....

b. Dans quelle classe y a-t-il le plus d'élèves ?

....

c. Combien y a-t-il d'élèves en tout ?

....

2 ★ **À la fin de la journée, le vendeur de la plage compte ce qui lui reste en stock : 12 cônes, 6 esquimaux et 18 beignets.**

a. Il avait 200 glaces ce matin. Combien en a-t-il vendu ?

....

....

b. Il a vendu 72 beignets aujourd'hui. Combien en avait-il ce matin ?

....

....

3 ★★ **Coline achète des billets pour visiter un château. Elle achète 2 entrées adultes et 3 entrées enfants. Combien va-t-elle payer en tout ?**

....

....

Bilan

4 ★★★ **Rémi dispose d'un jeu de 54 cartes qu'il veut distribuer équitablement.**

a. S'il distribue les cartes entre 6 joueurs, combien de cartes aura chaque joueur ?

....

b. S'il utilise le même jeu de cartes pour 5 joueurs, combien de cartes aura chaque joueur ? ....

c. En restera-t-il dans la pioche ? ....

12 La monnaie

LE COIN DES PARENTS
Un classique pour s'amuser avec cette notion est de « jouer à la marchande ». Puis, lorsque votre enfant vous accompagne chez un commerçant, demandez-lui de calculer le montant de vos achats ou votre monnaie.

Livret parents → **Corrigés** p. 17

Savoir

Calcul mental

50 + ... = 100
20 + ... = 100
60 + ... = 100
55 + ... = 100
85 + ... = 100
72 + ... = 100

- **La monnaie utilisée en France et dans d'autres pays européens est l'euro. Son symbole est €.**
- **Pour payer en euros, voici les pièces et les billets que nous utilisons :**

1 euro équivaut à 100 centimes d'euro. 1 € = 100 centimes
3 € 30 signifie 3 euros 30 centimes.

Savoir faire

- **Pour rendre la monnaie, il faut calculer la différence entre l'argent donné et la somme à payer.**

- Tu peux faire **un schéma** :

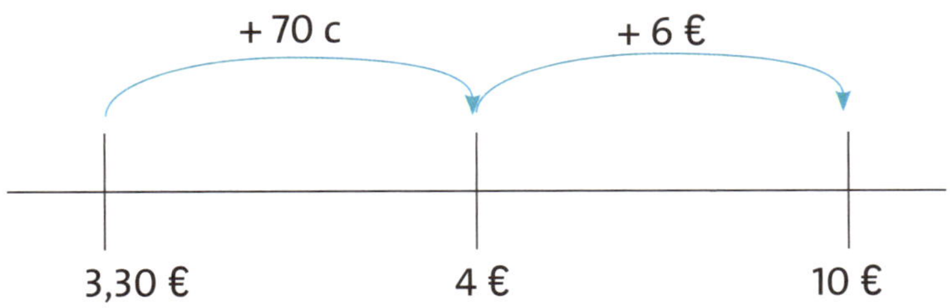

70 c + 6 € = 6 € 70. La vendeuse doit rendre 6 € 70.

- Tu peux tout **convertir** dans la même unité et faire une soustraction :

10 € – 3 € 30 = 1 000 c – 330 c = 670 c = 6 € 70

1 ★ Écris la somme dont dispose chaque enfant et entoure celui qui a le plus d'argent.

a. Martin  Martin a ....

b. Julia  Julia a ....

2 ★★ Convertis chaque somme en centimes d'euro.

a. 1 € = ... c

b. 5 € = ... c

c. 3 € 50 c = ... c + ... c = ... c

d. 12 € 30 c = ... c + ... c = ... c

3 ★★ Calcule ce que la vendeuse va rendre à Pedro en t'aidant de ce schéma.

Le pain au chocolat coûte 1 € 20. Pedro donne 5 € à la boulangère.

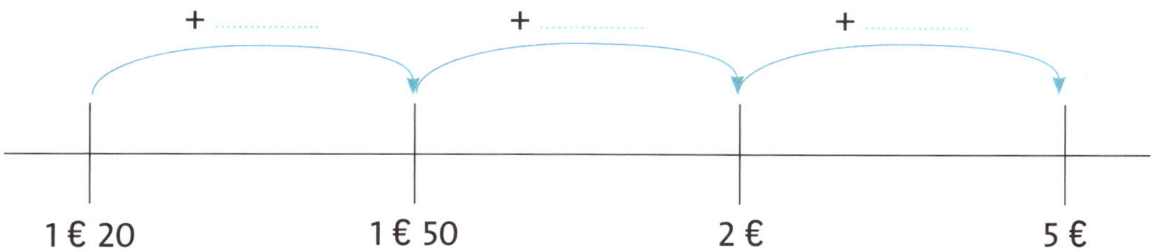

.... + ... + ... = ...

La boulangère va lui rendre ....

Bilan

4 ★★★ Quel est le montant de l'addition ?

....

Le montant de l'addition est de ....

Manon a un billet de 50 €, combien lui rendra-t-on ?

....

On lui rendra ....

13 L'heure

LE COIN DES PARENTS
N'hésitez pas à fabriquer une horloge en carton et à manipuler les aiguilles. Prenez l'habitude de regarder régulièrement l'horloge avec votre enfant et de repérer l'horaire des différentes activités de la journée.

Livret parents → **Corrigés** p. 17

Calcul mental

$3 \times 4 =$ ....
$4 \times 5 =$ ....
$4 \times 4 =$ ....
$5 \times 5 =$ ....

- **Sur une horloge, la petite aiguille indique les heures, la grande aiguille indique les minutes.**
Parfois, il y a une petite aiguille plus fine qui indique les **secondes**.

- **Quand la grande aiguille fait le tour du cadran, la petite aiguille avance d'une heure.**
La petite aiguille fait un tour de cadran en 12 h.

1 h plus tard

5 min plus tard

- **On peut lire l'heure de différentes façons.**
- Sur une **horloge** ou une **montre à aiguilles** :

Il est 2 h. — Il est 10 heures et quart. — Il est 7 heures et demie. — Il est 4 heures moins le quart.

- Sur un **affichage digital** :

avant midi :	02:00	10:15	07:30	03:45
après midi :	14:00	22:15	19:30	15:45

Pour donner l'heure l'après-midi ou le soir, tu dois **ajouter 12**.

1 ★ Écris l'heure indiquée sur chaque horloge.

avant midi : ..... : ..... | ..... : ..... | ..... : .....

après midi : ..... : ..... | ..... : ..... | ..... : .....

2 ★★ Dessine l'aiguille manquante.

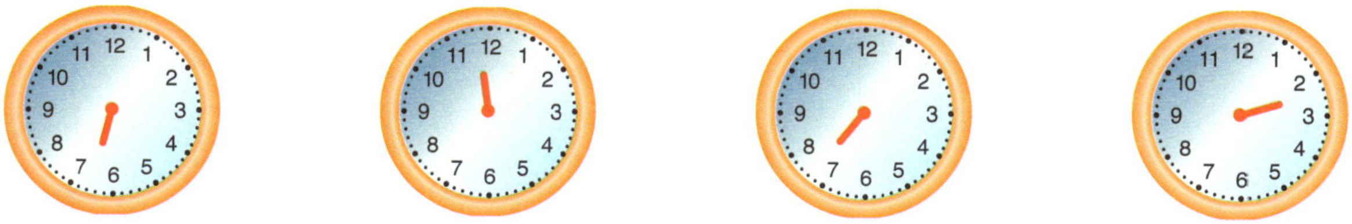

06:25	11:50	07:10	14:35

COURAGE
tu y es presque

Bilan

3 ★★ La boulangerie ouvre à 7 heures et quart et ferme à 8 heures moins le quart.

a. Complète le panneau affiché sur la porte de la boutique.

b. Fiona sort du travail à 20 heures. Va-t-elle pouvoir acheter du pain ?

MATIN | SOIR

Ouvert | Fermé

....

14 Les durées

LE COIN DES PARENTS
Il est difficile au CE2 d'estimer le temps. Vous pouvez demander à votre enfant de donner des ordres de grandeur pour certaines durées. Combien de temps dure une nuit de sommeil ? Les grandes vacances ? Un éternuement ? Un film au cinéma ?

Livret parents → **Corrigés** p. 18

Calcul mental

9 × 3 = ...
5 × 9 = ...
36 = 4 × ....
54 = 9 × ....

- **Il existe différentes unités de mesure de durées :**
- la seconde (s)
- la minute (min) — 1 minute, c'est 60 s
- l'heure (h) — 1 heure, c'est 60 min
- le jour — 1 jour, c'est 24 h
- la semaine — 1 semaine, c'est 7 jours
- le mois — 1 mois, c'est 30 ou 31 jours (sauf le mois de février qui en a 28 ou 29)
- l'année — 1 année, c'est 12 mois ou 365 jours (sauf les années bissextiles qui ont 366 jours)
- le siècle — 1 siècle, c'est 100 ans.
- le millénaire — 1 millénaire, c'est 1 000 ans.

- **Pour comparer deux durées, tu dois les exprimer dans la même unité.**

Il faut les convertir. 1 h = 60 min, 1 min = 60 s
Ainsi, tu peux dire que : 2 h c'est 2 × 60 min
donc 2 h 5 min, c'est 120 min + 5 min, c'est-à-dire 125 min.

- **Pour ajouter ou calculer une durée, tu peux utiliser un axe du temps.**

Si un routier part à 5 h 45 et qu'il arrive à 8 h 20. On peut en déduire que le trajet a duré : 15 min + 120 min + 20 min = 155 min, c'est-à-dire 2 h 35 min.

1 ★ Complète les phrases.

a. 15 jours, c'est …… semaines et …… jour.
b. 36 mois, c'est …… ans.
c. 25 mois, c'est …… ans et …… jours.
d. 48 heures, c'est …… jours
e. 3 siècles, c'est …… ans.
f. 1 millénaire, c'est …… siècles.

2 ★★ Complète par >, < ou =.

a. 90 min …… 1 h 30
b. 360 min …… 5 h
c. 180 min …… 2 h 30
d. 3 600 s …… 1 h
e. 120 s …… 2 h
f. 210 min …… 3 h

3 ★★ Complète les phrases.

a. 4 h c'est 4 × …… min. Donc 4 h 35, c'est …… min + …… min, c'est-à-dire …… min.
b. 3 min, c'est 3 × …… s. Donc 3 min 23 s, c'est …… s + …… s, c'est-à-dire …… s.

4 ★★ Djibril arrive à la gare à 14 h 35. Son avion décolle à 16 h 10. Combien de temps va-t-il attendre à l'aéroport ?

+ …… min + …… min + …… min + …… min

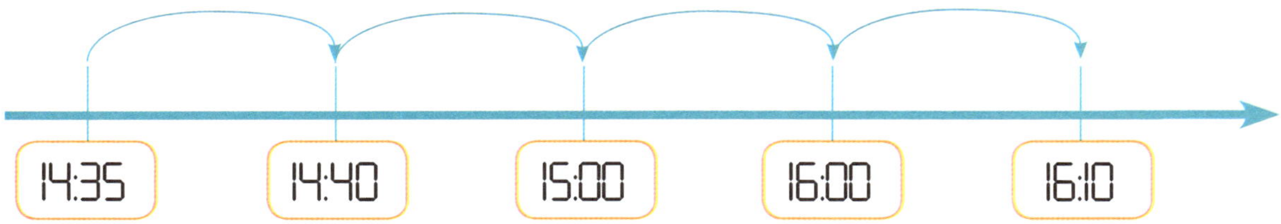

…… min + …… min + …… min + …… min = …… min, c'est-à-dire …… h …… min

Il va attendre ……

Bilan

5 ★★ Lisa prend le train de 9 h 10 à Lille. Elle arrive à Bordeaux à 13 h 45.

Pendant le trajet, elle a prévu de regarder un film qui dure 162 minutes.

a. **Quelle est la durée du trajet ?** Le trajet dure …… min, c'est-à-dire …… h …… min.

b. **Aura-t-elle le temps de regarder le film en entier ?** ……

15 Les longueurs

LE COIN DES PARENTS
Pour se représenter les unités de longueur, il peut être utile à votre enfant de disposer de références (ex. : un mètre = un grand pas). Pour cela, demandez-lui d'associer chaque unité (km, m, cm et mm) à des objets ou des distances.

Livret parents → **Corrigés** p. 18

Calcul mental

6 × 4	32
4 × 8	21
3 × 7	24
6 × 3	18

- **On peut exprimer une longueur avec différentes unités. L'unité principale est le mètre (m).**

On utilise aussi :
- le kilomètre (km) : mille fois plus grand ;
- le décimètre (dm) : dix fois plus petit ;
- le centimètre (cm) : cent fois plus petit ;
- le millimètre (mm) : mille fois plus petit.

2 m

5 cm

6 mm

- **Pour mesurer de façon exacte, on utilise une règle graduée.**

Tu poses le trait du 0 sur une extrémité du segment à mesurer et tu lis la longueur du segment à l'autre extrémité.

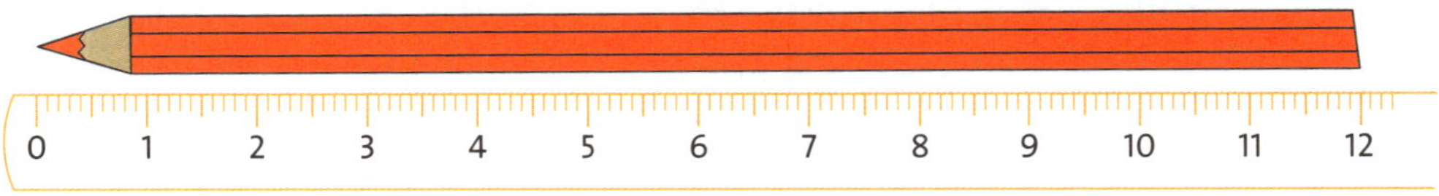

Ce crayon mesure 12 cm.

- **Pour comparer ou calculer des longueurs, tu dois exprimer toutes les longueurs dans la même unité. Tu peux utiliser un tableau de conversion.**

kilomètre	hectomètre	décamètre	mètre	décimètre	centimètre	millimètre	
km	hm	dam	m	dm	cm	mm	
1	0	0	0				1 km = 1 000 m
			1	0			1 m = 10 dm
			1	0	0		1 m = 100 cm
			1	0	0	0	1 m = 1 000 mm

1 *
Mesure les longueurs des deux chemins avec ta règle graduée.

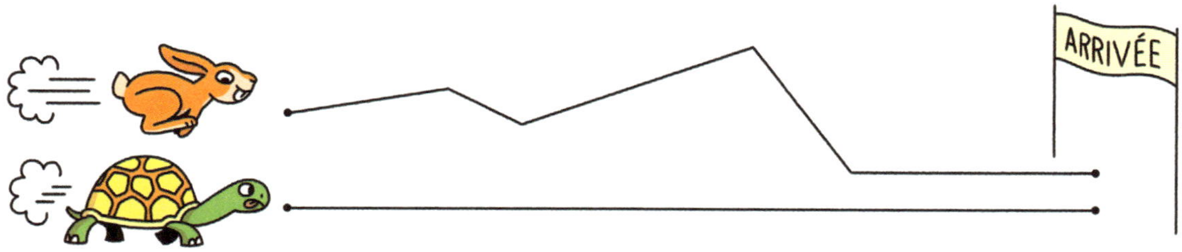

Le lièvre doit parcourir .... cm. La tortue doit parcourir .... cm.

2 **
Mesure ce segment et indique sa longueur dans l'unité demandée.

[AB] mesure .... cm.
[AB] mesure .... mm.

3 **
Relie les longueurs identiques

30 m	3 m	3 cm	3 km
3 000 mm	3 000 cm	3 000 m	30 mm

4 **
Numérote ces longueurs de la plus petite à la plus grande.

......	......	......	......	......	......
1 000 cm	52 m	500 cm	2 km	25 cm	3 000 m

Bilan

5 ***
Convertis les longueurs dans l'unité demandée.

a. 6 m = ... mm
b. 36 cm = ... mm
c. 3 km = ... m
d. 5 dm = ... cm
e. 25 m = ... cm
f. 300 m = ... dm

16 Les masses et les contenances

LE COIN DES PARENTS
Il est important que votre enfant puisse jouer avec une balance, un verre doseur ou en transvasant des contenus d'un récipient à un autre. C'est en expérimentant qu'il pourra acquérir les concepts de mesures.

Livret parents → **Corrigés** p. 18

Savoir

- **On peut mesurer une masse avec une balance électronique ou une balance à plateaux.**

- **On peut exprimer une masse avec différentes unités.**
  - le **gramme** (g) ; Un hamster pèse environ 40 g.
  - le **kilogramme** (kg) ; Un cygne pèse environ 11 kg.
  - la **tonne** (t). Un éléphant pèse environ 6 t.

- **Une contenance correspond au volume que contient un récipient. On peut la mesurer avec un verre doseur.**

- **On peut exprimer une contenance avec différentes unités.**
  - le **litre** (L) : une bouteille de lait contient 1 L.
  - le **décilitre** (dL) : un verre à eau contient 2 dL.
  - le **centilitre** (cL) : une cuillère à soupe contient 1 cL.

Calcul mental

Combien de fois...

- 4 dans 20 ? ....
- 6 dans 54 ? ....
- 5 dans 35 ? ....
- 7 dans 49 ? ....

Savoir faire

- **Pour comparer ou calculer des masses ou des contenances, tu dois exprimer toutes les mesures dans la même unité. Tu peux utiliser un tableau de conversion.**

Unités de masse							
t			kg			g	
1	0	0	0				1 t = 1 000 kg
			1	0	0	0	1 kg = 1 000 g

Unités de contenance			
L	dL	cL	
1	0		1 L = 10 dL
1	0	0	1 L = 100 cL
	1	0	1 dL = 10 cL

1 ★

Complète avec l'unité de mesure correcte : kg, t, cL, L.

150 ....

4 ....

14 ....

15 ....

2 ★★

Indique la masse de chaque ingrédient.

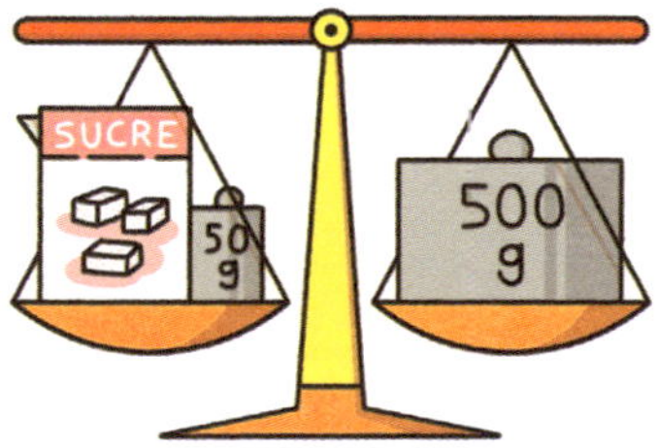

a. .... g b. .... g c. .... g

3 ★★

Complète.

a. 2 kg = ... g
b. 3 kg 500 g = ... g
c. 1 200 g = ... kg .... g
d. 3 525 g = ... kg .... g
e. 2 dL = ... cL
f. 3 L = ... dL

Bilan

4 ★★★

a. Maël et son frère Sam boivent chacun un bol de lait de 25 cL le matin. Leur maman achète des bouteilles de 1 L. Combien de jours faut-il pour finir une bouteille ?

....

....

b. Maël mange 30 g de céréales par jour et son frère en mange 20 g. Leur maman a acheté un paquet de 360 g. Y aura-t-il assez de céréales pour une semaine complète ?

....

....

17 Les déplacements programmés

LE COIN DES PARENTS
Ce chapitre est une première approche de la programmation informatique dans le but de coder des déplacements. Votre enfant pourra ensuite s'entraîner sur des logiciels de programmations adaptés.

Livret parents → **Corrigés** p. 18

Calcul mental

Complète les séries.

2 • 4 • 6 • 8 • ...... • ...... • ...... • ...... • ...... • 20

6 • 12 • 18 • 24 • ...... • ...... • ...... • ...... • ...... • 60

8 • 16 • 24 • 32 • ...... • ...... • ...... • ...... • ...... • 80

- **On peut indiquer un déplacement en donnant des instructions qui peuvent être codées avec des flèches :**

↑ en haut
↓ en bas
→ à droite
← à gauche

Voici le codage du chemin bleu :

→ ↑ → ↑

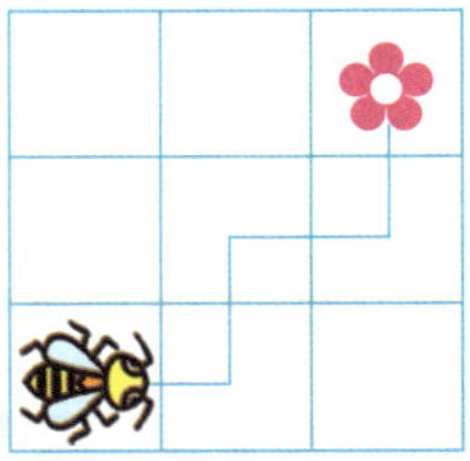

- **Un programme est une suite d'instructions données dans un ordre bien précis.**

On utilise un langage précis. Par exemple :

TG
« tourne à gauche »

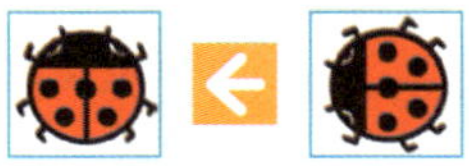

TD
« tourne à droite »

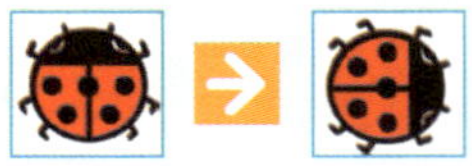

A2
« avance de 2 cases »

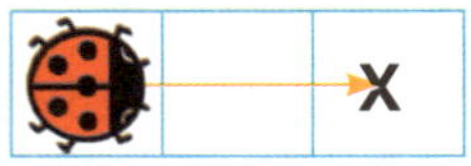

Attention : lorsqu'on utilise TG ou TD, la coccinelle tourne d'un angle droit, mais ne change pas de case. Seule son orientation change.

- **Pour effectuer un déplacement demandé, tu dois décoder un programme, c'est-à-dire savoir le lire.**

- **Pour déplacer un personnage à l'écran, tu dois coder son déplacement, c'est-à-dire écrire des instructions.**

Le déplacement de la coccinelle dans les cases du quadrillage peut se coder ainsi :

A1
TG
A2
TD
A1

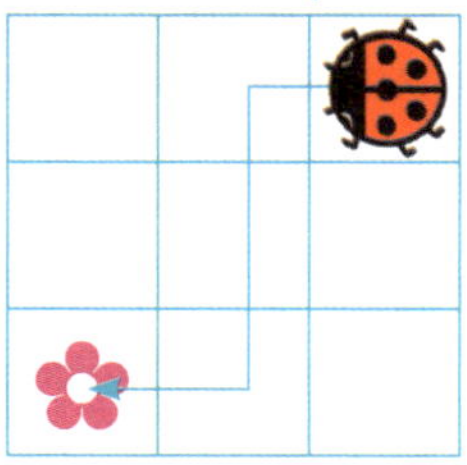

1 ★★ **Code le chemin pour que chaque lapin puisse rejoindre une laitue à l'aide des quatre instructions suivantes : ↓ ↑ ← ↓**

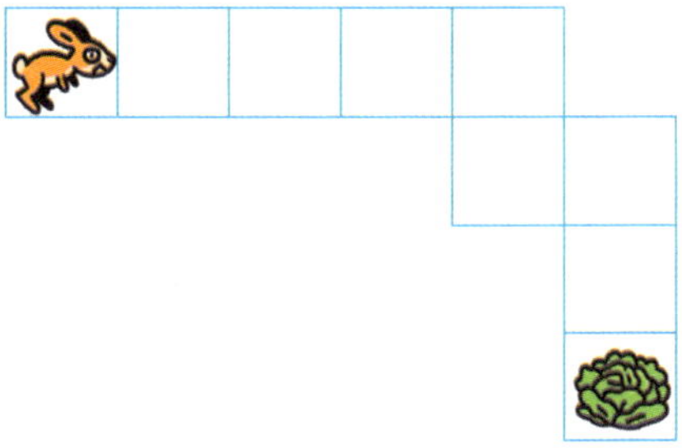

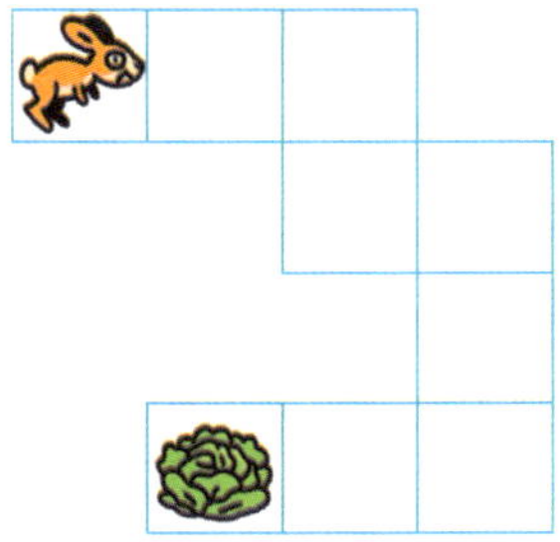

a.

...	...	...	...	...	...	...	...

b.

...	...	...	...	...	...	...	...

2 ★★ **Coche le programme correspondant au déplacement de la coccinelle.**

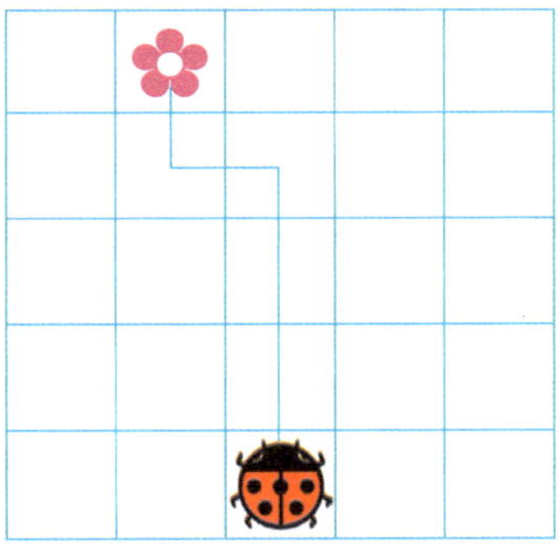

a. ❑	b. ❑	c. ❑
A3	A3	A3
TG	TG	TD
A1	A1	A1
TD	TG	TG
A1	A1	A1

Bilan

3 ★★★ **Écris le programme qui permettra à l'abeille d'effectuer ce déplacement.**

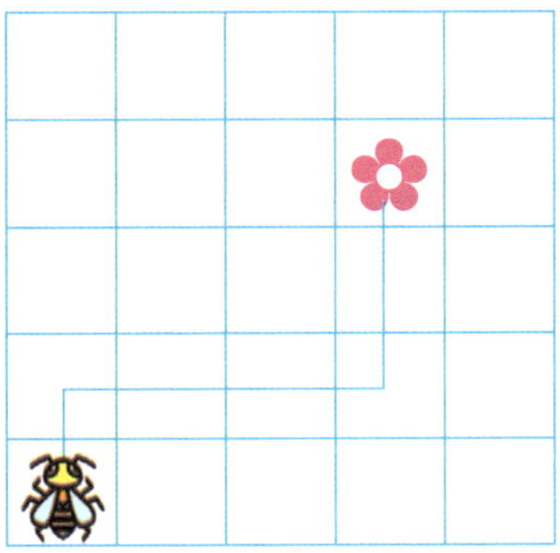

....
....
....
....
....

ESPACE ET GÉOMÉTRIE

18 Les droites et les segments

LE COIN DES PARENTS
Plus votre enfant manipule l'équerre ou la règle, plus il obtient des tracés précis. Ne pas hésiter à l'aider au positionnement de l'outil les premières fois.

Livret parents → **Corrigés** p. 18

Calcul mental

2 × 50 = ...
100 − 25 = ...
75 + 25 = ...
4 × 25 = ...
3 × 25 = ...
2 × 25 = ...

- **La droite (d) est un ensemble de points alignés : c'est une ligne droite illimitée.**

- **Le segment [AB] est une partie de la droite (d) délimitée par deux points A et B.**

- **Lorsqu'une droite (a) et une droite (b) se coupent en formant un angle droit, on dit qu'elles sont perpendiculaires. On peut le vérifier avec une équerre.**

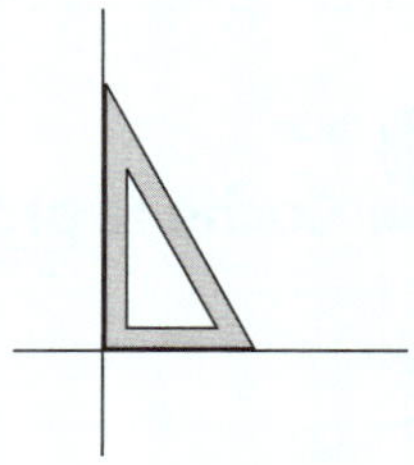

- **Pour vérifier que des points sont bien alignés ou pour tracer une droite, tu dois utiliser une règle.**

- **Pour mesurer ou tracer un segment, utilise une règle graduée.**

- **Pour tracer deux droites perpendiculaires, utilise ton équerre et une règle.**

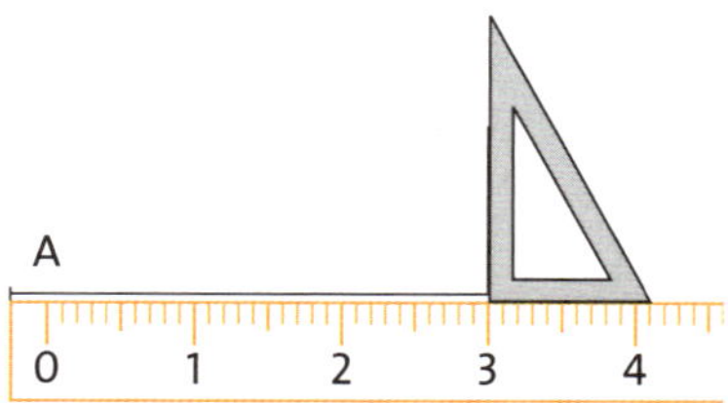

- **Pour marquer un angle droit, tu peux le coder avec un petit symbole.**

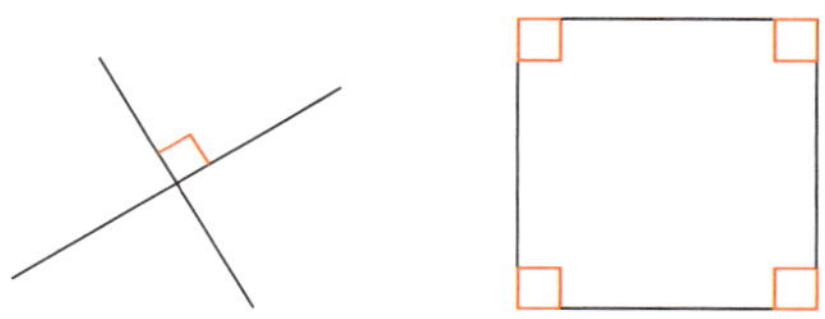

1 ★★ **a. Vérifie avec ta règle si les points A, B, C, D, E sont bien alignés.**
Lequel n'est pas aligné ? ....

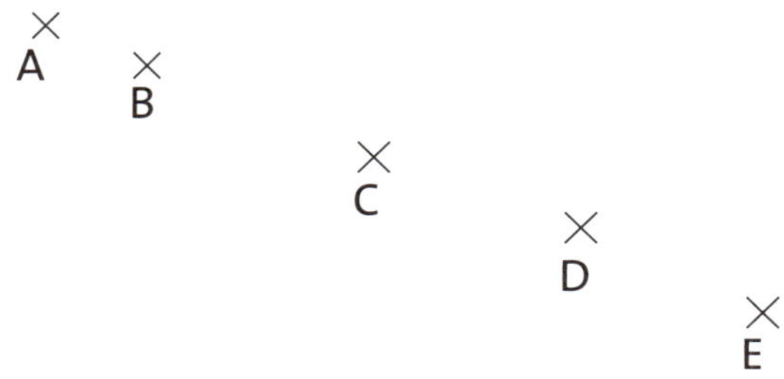

b. Mesure la longueur des segments [AB] et [AE].

Le segment [AB] mesure .... cm.
Le segment [AE] mesure .... cm.

2 ★★ **Trace un segment [AB] de longueur 6 cm et un segment [CD] de longueur 4 cm.**

3 ★★ **Marque tous les angles droits de cette figure.**

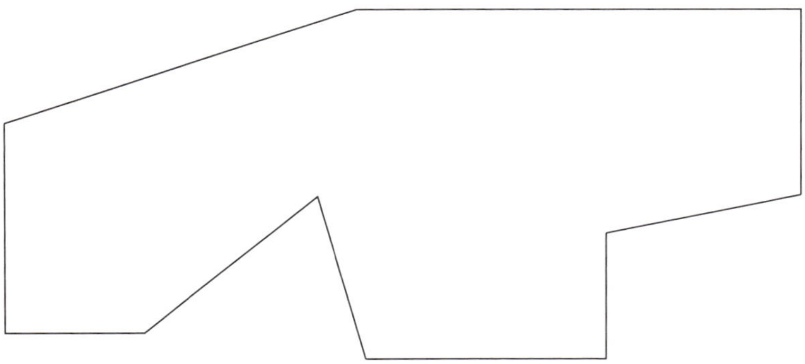

Bilan

4 ★★★ **Trace une droite perpendiculaire à (d).**

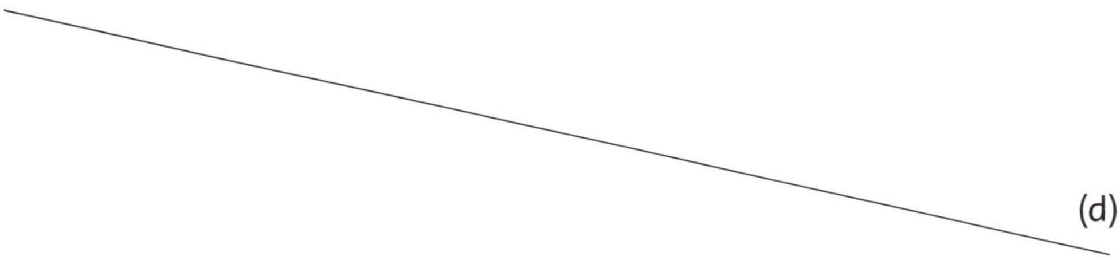

19 Les polygones

LE COIN DES PARENTS
Pour aborder la notion de polygones, on peut fabriquer des cartes où sont dessinées toutes sortes de figures puis les trier en plusieurs groupes : les non-polygones, les triangles, les quadrilatères, les polygones à cinq côtés...

Livret parents → **Corrigés** p. 18

Calcul mental

2 × 15 = ...
2 × 30 = ...
3 × 15 = ...
4 × 15 = ...

- **Un polygone est une figure géométrique plane, constituée de segments formant une ligne brisée fermée.**
- Les segments de droite qui constituent un polygone sont appelés **côtés**.
- L'intersection entre deux côtés est appelée **sommet**.
- Deux côtés consécutifs forment un **angle**.

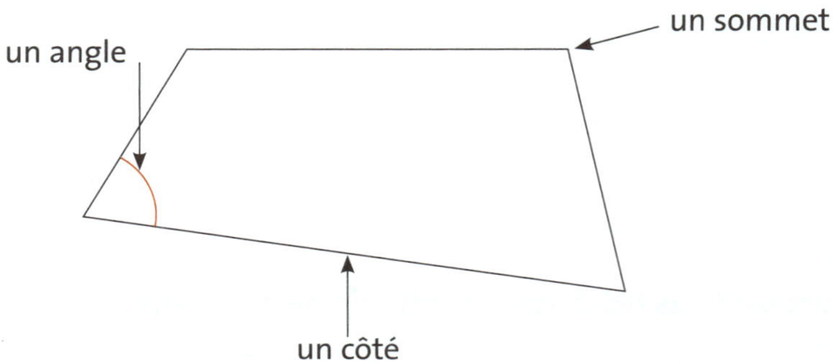

- **Ces figures ne sont pas des polygones :**

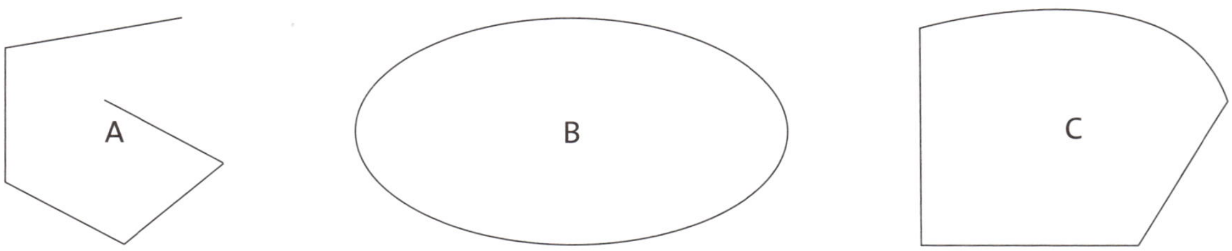

La figure A n'est pas fermée. Les figures B et C ne sont pas composées de segments de droites.

- **On peut classer les polygones selon leur nombre de côtés.**
Un polygone à 3 côtés est un triangle.
Un polygone à 4 côtés est un quadrilatère.

1 ★ Entoure les polygones.

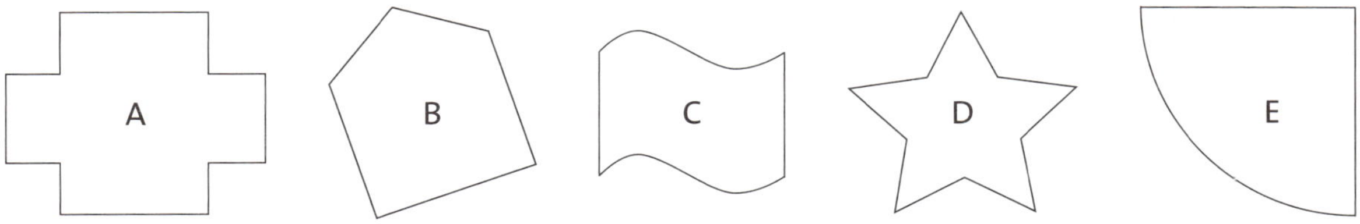

2 ★ Observe les polygones suivants et complète le tableau.

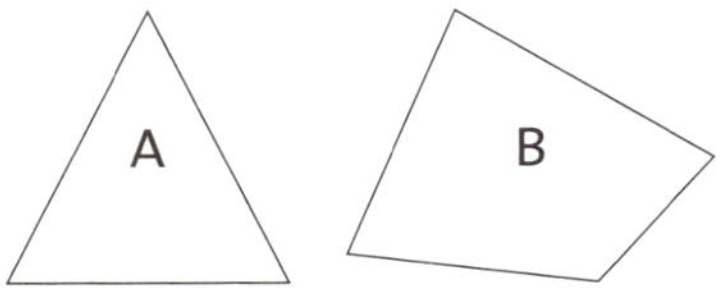

	nombre de côtés	nombre de sommets	nom du polygone
A	....	....	....
B	....	....	....

3 ★★ Réponds par vrai ou faux.

a. Un cercle est un polygone. ....

b. Un polygone a autant de sommets que de côtés. ....

c. Un polygone est une figure fermée. ....

d. Un quadrilatère a 5 côtés. ....

Bilan

4 ★★★ Colorie cette figure de manière à faire apparaître : deux triangles (en vert), un quadrilatère (en bleu) et un polygone à cinq côtés (en jaune).

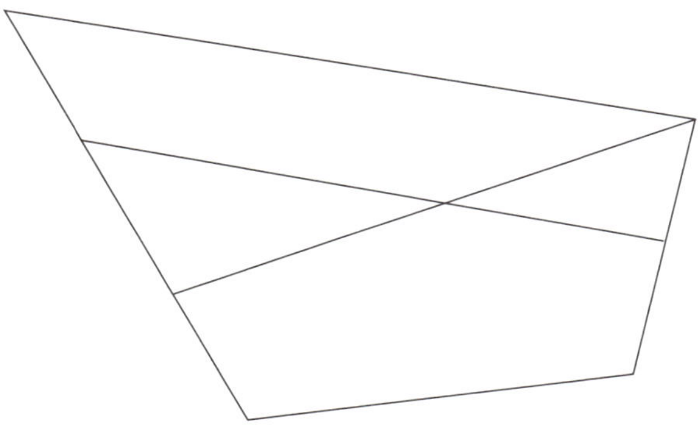

20 Le carré, le rectangle et le losange

LE COIN DES PARENTS

Faites remarquer à votre enfant qu'un quadrilatère n'est pas toujours orienté de la même manière : les côtés d'un carré ou d'un rectangle ne sont pas forcément horizontaux et verticaux. Découpez des gabarits en carton afin de mieux l'aider à visualiser.

Livret parents → **Corrigés** p. 18

Calcul mental

.... × 10 = 80
.... × 10 = 180
.... × 10 = 5 700
.... × 10 = 2 300

- **Parmi les quadrilatères, on trouve :**
  - le **carré** : 4 angles droits, 4 côtés égaux
  - le **rectangle** : 4 angles droits, 2 largeurs égales, 2 longueurs égales
  - le **losange** : 4 côtés égaux

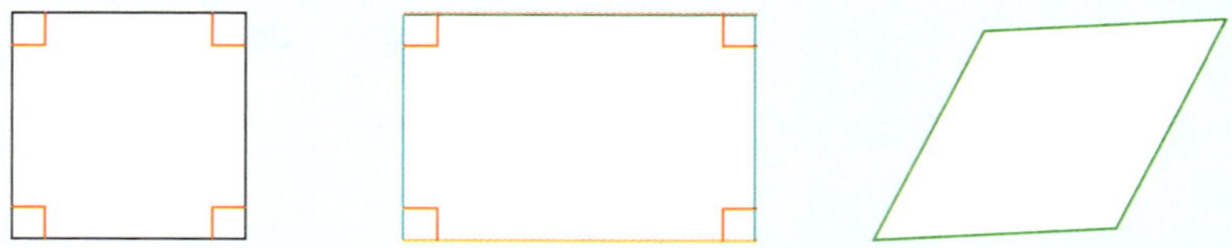

- **Pour tracer un quadrilatère sur du papier quadrillé ou pointé, tu dois repérer la position des sommets puis tracer les segments à la règle.**

- **Pour tracer un carré ou un rectangle sur du papier uni, tu dois utiliser ta règle et ton équerre.**

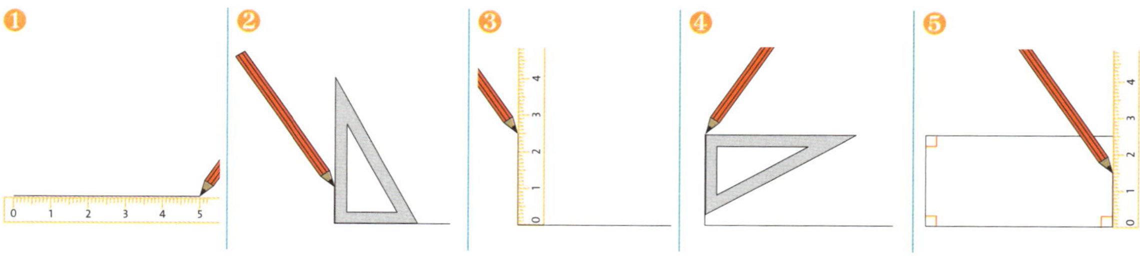

1. Tu traces un segment de la longueur du rectangle.
2. Tu traces un premier angle droit avec ton équerre.
3. Puis tu prolonges ce segment jusqu'à obtenir la largeur souhaitée du rectangle.
4. Tu procèdes de la même manière pour le troisième côté.
5. Puis tu traces le dernier côté pour fermer la figure.

1 ★ **Colorie les figures en respectant le code couleur.**

carré ■ rectangle ■ losange ■

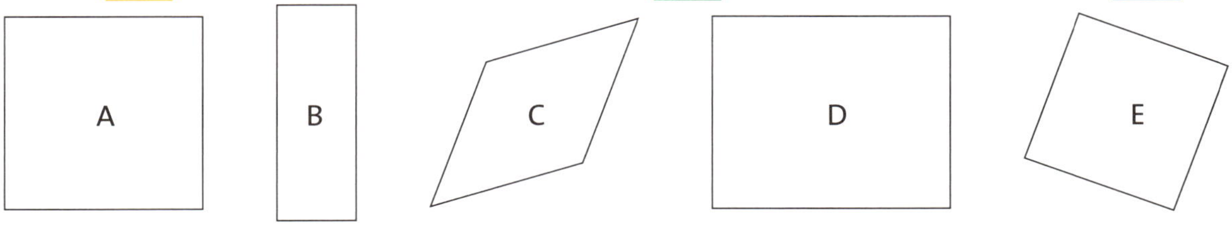

2 ★★ **Reproduis le losange.**

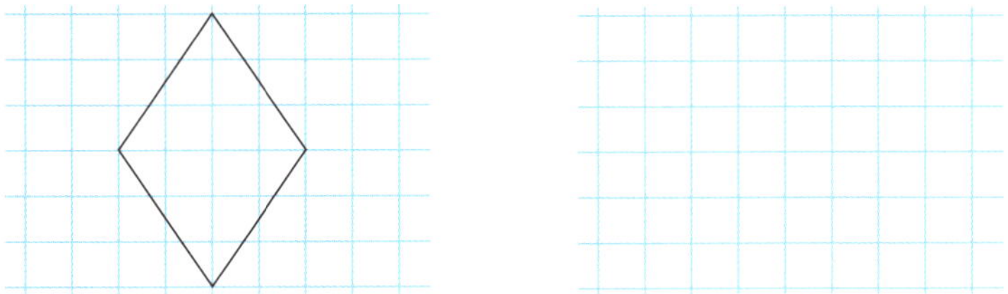

3 ★★ **Reproduis la figure.**

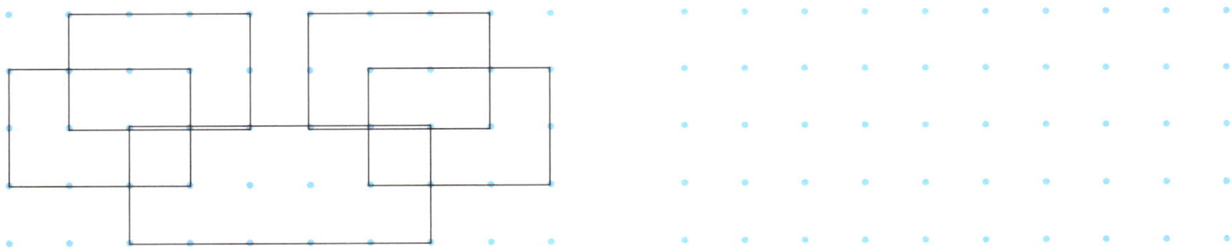

Bilan

4 ★★★ **Voici un côté du carré ABCD. Termine la figure à l'aide de ton équerre et de ta règle.**

ESPACE ET GÉOMÉTRIE

21 Le triangle

LE COIN DES PARENTS

Jouez avec votre enfant au tangram ! C'est un puzzle avec lequel on doit reproduire des silhouettes de personnages, d'animaux, d'objets... Ce jeu permet d'allier créativité et géométrie. Vous pouvez fabriquer votre propre jeu à l'aide de feuilles cartonnées.

Livret parents → **Corrigés** p. 19

Savoir

- **Un triangle est un polygone qui possède trois côtés, trois sommets et trois angles.**
- **On peut le nommer par ses sommets.**

Ce triangle s'appelle ABC.

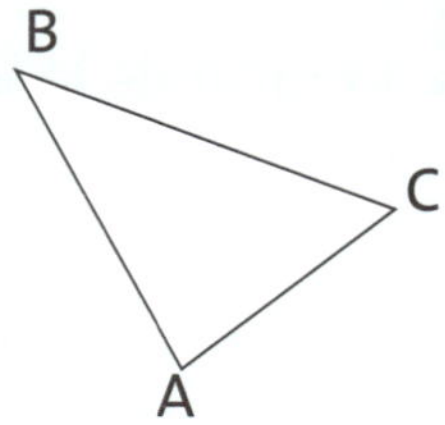

Calcul mental

7 × 1 000 = ...
45 × 100 = ...
124 × 10 = ...
254 × 100 = ...

Savoir faire

- **Voici comment reconnaître des triangles particuliers.**

- Le **triangle quelconque**
  3 côtés de longueurs différentes
- Le **triangle rectangle**
  un angle droit (c'est un demi-rectangle)
- Le **triangle isocèle**
  2 côtés égaux
- Le **triangle équilatéral**
  3 côtés égaux

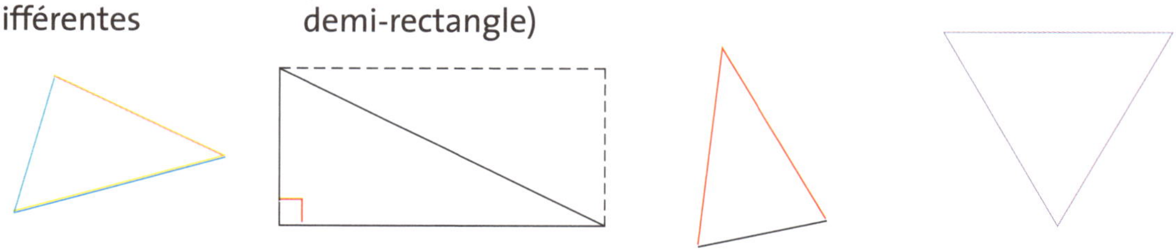

- **Pour décrire un triangle rectangle, il faut nommer les sommets du triangle et indiquer la longueur des côtés de l'angle droit.**
- **Pour le tracer sur du papier uni, il faut utiliser une règle graduée et une équerre.**

Le triangle ABC est rectangle en A.

AB = 2 cm et AC = 3 cm

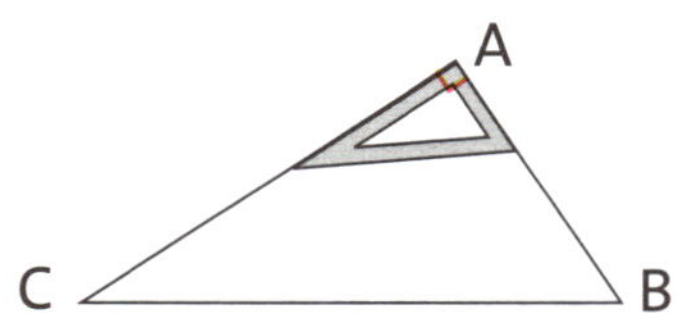

1 ★ Colorie les triangles en respectant le code couleur.

triangle quelconque ▬ triangle isocèle ▬ triangle équilatéral ▬

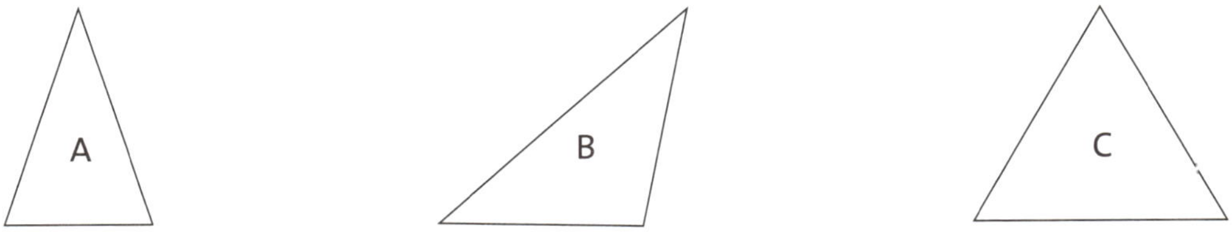

2 ★ Entoure les triangles rectangles et dessine l'angle droit.

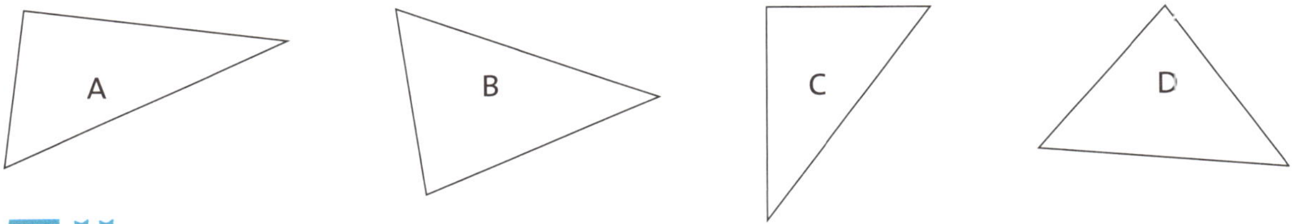

3 ★★ Trace un triangle rectangle ABC tel que AB = 4 cm et AC = 3 cm.

Bilan

4 ★★★ Reproduis cette figure sur le papier pointé.

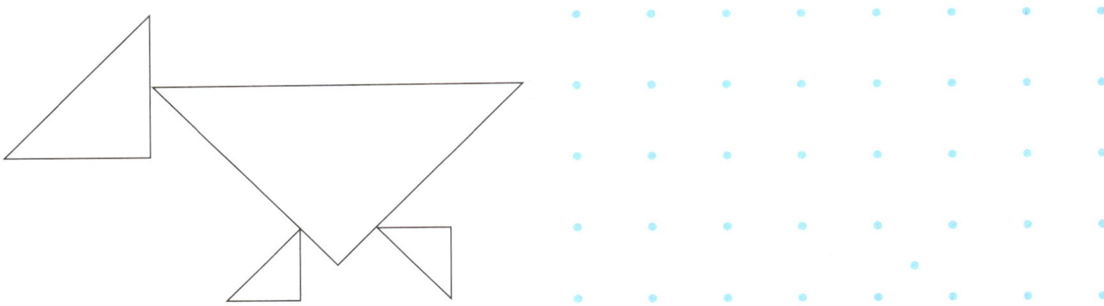

22 Le cercle

LE COIN DES PARENTS
La maîtrise du compas n'est pas évidente. Votre enfant peut s'entraîner en dessinant des rosaces ou des frises géométriques à base de cercles.

Livret parents → **Corrigés** p. 19

Savoir

Calcul mental

Donne le double de chaque nombre :

2 →	15 → ....
4 →	30 → ....
8 →	50 → ....
10 →	20 → ....

- **Le cercle est une ligne courbe fermée.**
  - Ce cercle a pour centre le point O.
  - OA, OB, OC sont des rayons du cercle.
  - Les rayons d'un cercle sont égaux : OA = OB = OC
  - AB est un diamètre, sa longueur est le double de celle du rayon.

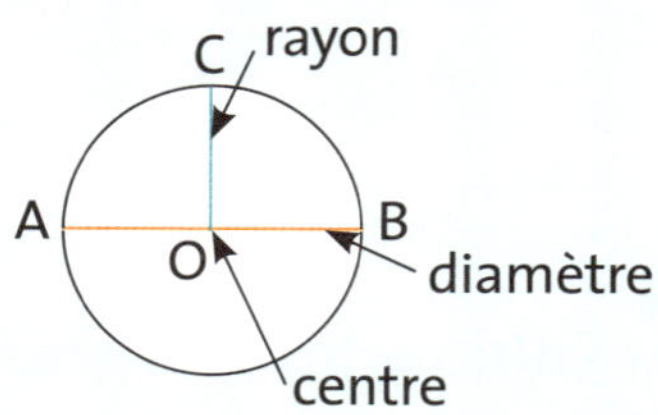

- **Le disque est la surface délimitée par le cercle. Le cercle est donc le contour du disque.**

Savoir faire

- **Pour tracer un cercle :**

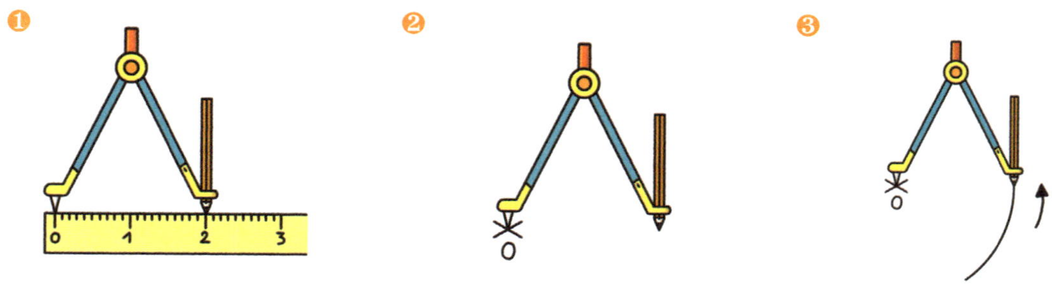

❶ Écarte ton compas de la longueur du rayon à l'aide d'une règle.
❷ Place la pointe de ton compas sur un point O qui sera le centre du cercle.
❸ Fais tourner ton compas et trace le cercle en ne modifiant pas l'écartement du compas.

1 ★ Trace un cercle :

a. de centre A et de rayon 1 cm 5 mm.

b. de centre B et de diamètre 4 cm.

×A

×

2 ★ Trace le cercle de centre O1 passant par A et le cercle de centre O2 passant par B.

×O1 ×A ×O2 ×B

3 ★★ Trois chèvres sont attachées à des piquets. Les segments représentent les longueurs de chaque corde. Colorie les zones où l'herbe sera mangée.

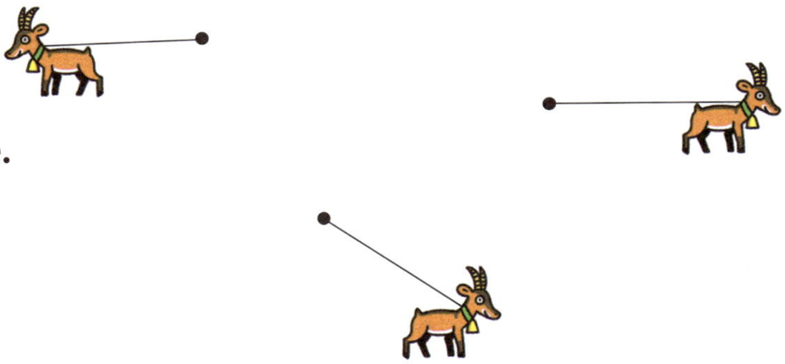

Bilan

4 ★★★ Continue la frise.

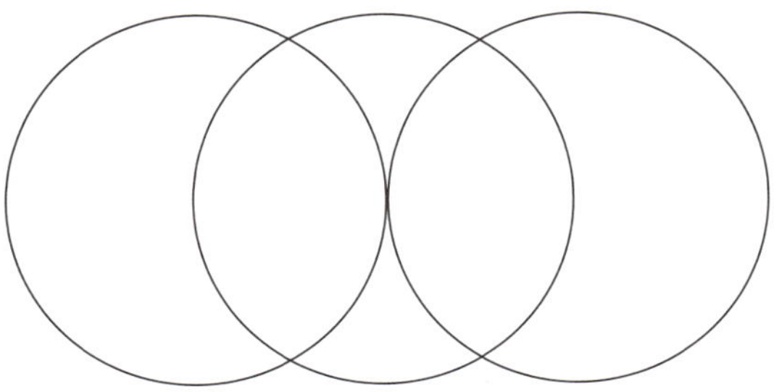

Français
Maths
Espace – Temps
EMC
Sciences
Anglais
mon cahier spécial Dictées

Je m'évalue

23 La symétrie

LE COIN DES PARENTS
À partir d'objets de la vie courante, repérez avec votre enfant, ceux qui présentent un ou plusieurs axes de symétrie.

Livret parents → **Corrigés** p. 19

Calcul mental

Quelle est la moitié de :
- 50 ?
- 80 ?
- 64 ?
- 90 ?

- **Une figure est symétrique si, lorsqu'on la plie en deux, les deux moitiés se superposent parfaitement.**

La ligne de pli est appelé l'**axe de symétrie de la figure**.
La figure est symétrique par rapport à l'axe AB.

- **Une figure peut avoir plusieurs axes de symétrie.**

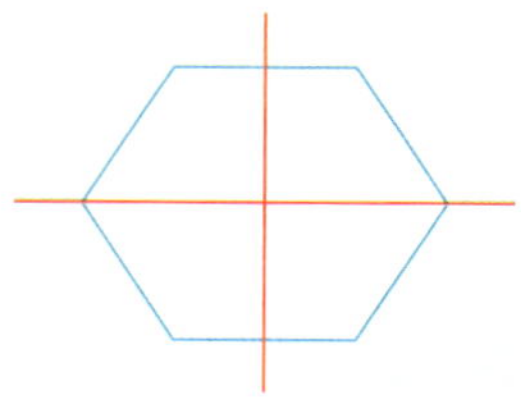

- **Pour compléter une figure symétrique, tu dois dessiner la moitié manquante, par réflexion de l'autre moitié par rapport à l'axe de symétrie, comme dans un miroir.**

- Sur du papier quadrillé, place les points en comptant les carreaux par rapport à l'axe de symétrie puis relie-les.

❶ Compte le nombre de carreaux séparant A1, B1 et C1 de l'axe de symétrie.

❷ Reporte la même distance de l'autre côté de l'axe pour placer A2, B2 et C2.

❸ Relie les points.

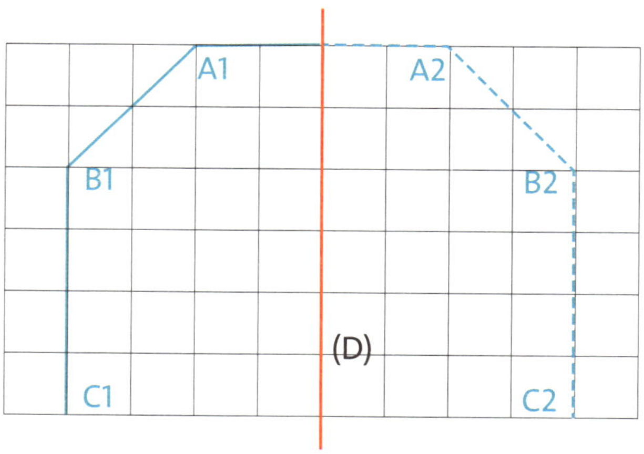

1 ★ Entoure lorsque c'est symétrique.

a. 

b. 

c. 

d. 

2 ★ L'axe rouge est-il un axe de symétrie de la figure ?

a. ....

b. ....

3 ★★ Indique le nombre d'axe(s) de symétrie pour chaque figure et dessine-les.

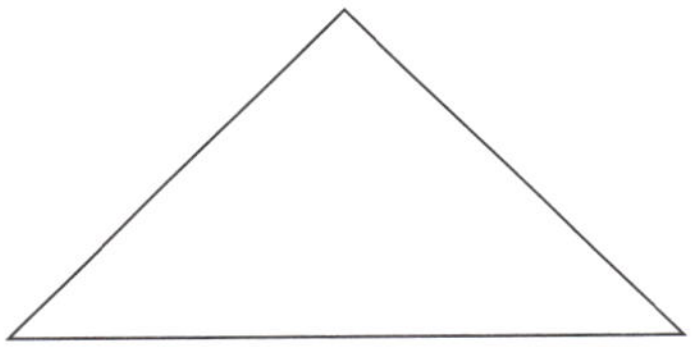

a. .... axe(s) de symétrie

b. .... axe(s) de symétrie

c. .... axe(s) de symétrie

Bilan

4 ★★★ Chaque figure est symétrique par rapport à l'axe AB. Dessine la partie manquante.

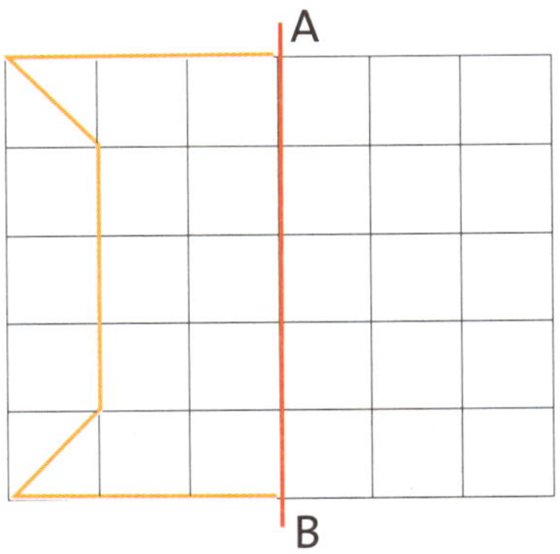

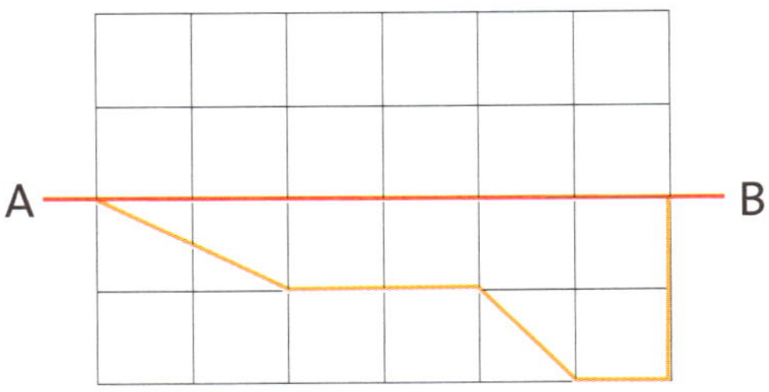

24 Les solides

LE COIN DES PARENTS
N'hésitez pas à faire construire des solides à votre enfant à partir de patrons ou bien à l'aide d'allumettes fixées entre elles avec de la pâte à modeler..

Livret parents → **Corrigés** p. 19

Calcul mental

Continue ces suites :

1 • 2 • 4 • 8 • ...... • ...... • ......

3 • 6 • 12 • ...... • ...... • ......

- **Certains solides sont constitués de faces planes en forme de polygones : ce sont des polyèdres.**

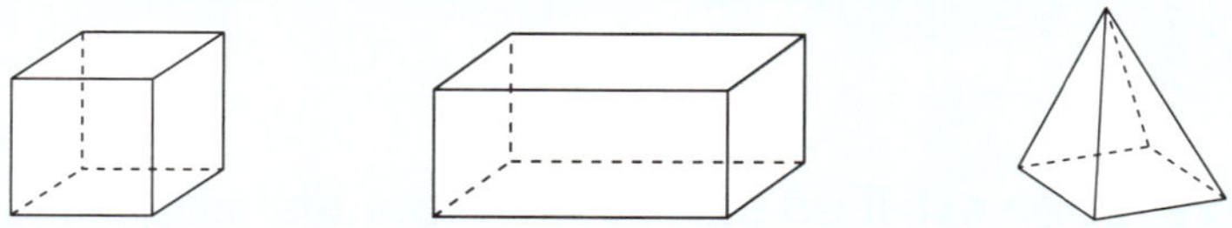

cube — pavé droit — pyramide

- **D'autres solides n'ont pas toutes leurs faces planes, ils peuvent rouler : ce ne sont pas des polyèdres.**

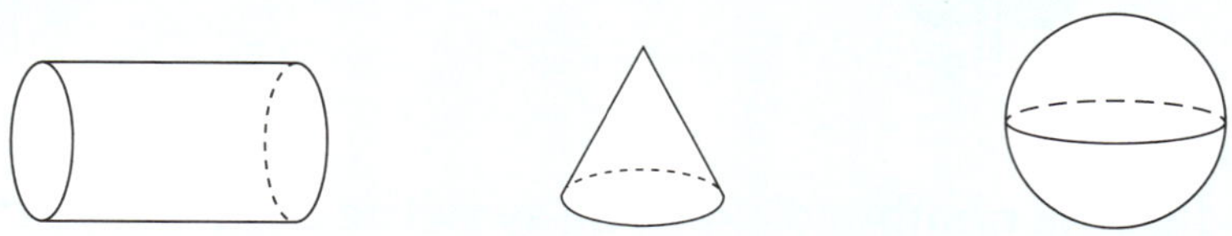

cylindre — cône — sphère (vide) ou boule (pleine)

- **Reconnaître un pavé droit.**
  8 sommets
  6 faces qui sont des rectangles
  12 arêtes

- **Reconnaître un cube.**
  8 sommets
  6 faces carrées identiques
  12 arêtes de même longueur

- **Pour construire un solide, tu peux utiliser un patron. C'est un dessin qui permet de reconstituer le solide après pliage.**

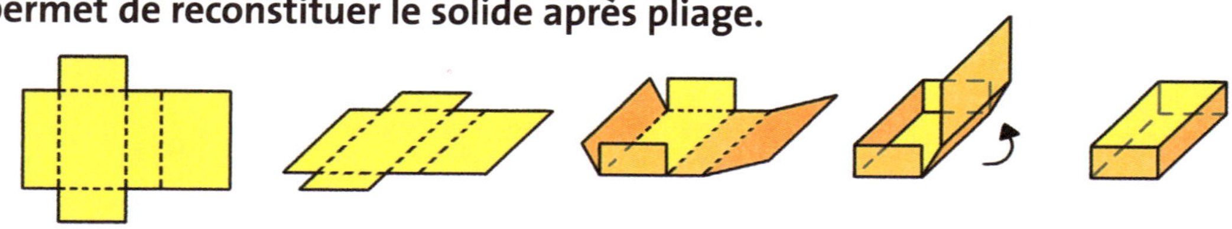

1 * Indique le nom des solides auxquels ces objets ressemblent.

a. .... b. .... c .... d. .... e. ....

2 ** Complète la carte d'identité des solides que l'on obtient en pliant ces patrons.

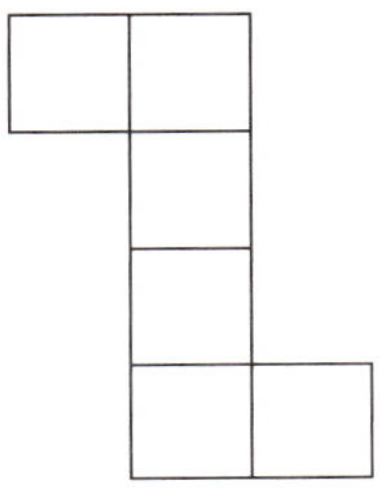

a. J'ai ...... faces ....
J'ai ...... arêtes et ...... sommets.
Je suis un ....

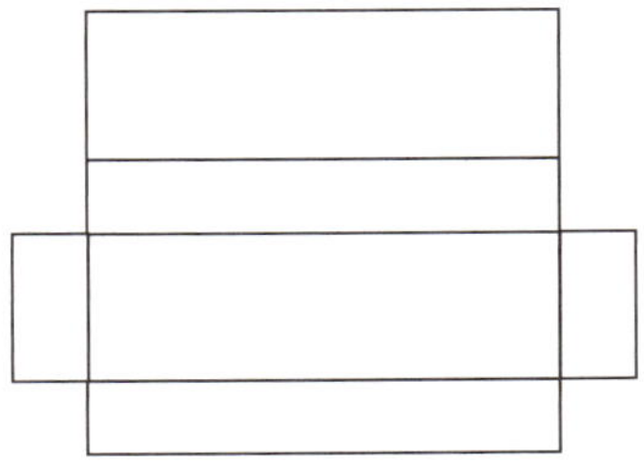

b. J'ai ...... faces ....
J'ai ...... arêtes et ...... sommets.
Je suis un ....

Bilan

3 *** Colorie la face blanche de chaque cube pour qu'il corresponde à ce patron.

a.
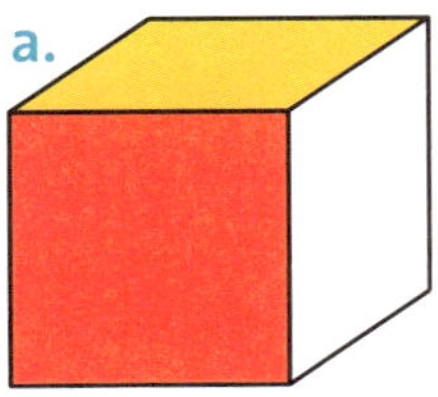

b.

c.
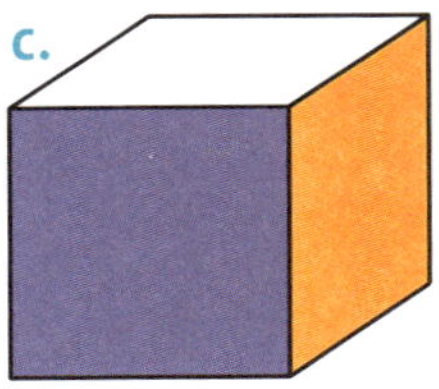

d.

Évaluation

Livret parents → Corrigés p. 19

1. Écris en lettres ou en chiffres.

a. 7 056 : ....

b. neuf-mille-huit-cents : ....

...... / 1

2. Complète.

a. 7 m + 6 c + 5 d → ....

b. 8 432 → ...... m + ... c + ... d + ... u

...... / 1

3. Complète par > ou <.

a. 563 ...... 2 536

b. 6 200 ...... 6 170

c. 8 856 ...... 8 840

d. 3 333 ...... 3 322

...... / 1

4. Encadre les nombres à l'unité près.

a. .... < 5 631 < ....

b. .... < 9 500 < ....

...... / 1

5. Pose et calcule sur ton cahier.

a. 265 + 623 b. 689 + 145 + 48

...... / 1

6. Pose et calcule sur ton cahier.

a. 899 – 765 b. 903 – 233

...... / 1

7. Entoure les opérations qui correspondent à cette phrase :

3 équipes de 5 joueurs

3 × 5 • 3 + 5 • 5 + 5 + 5 • 3 + 3 + 3

...... / 1

8. Calcule en ligne.

43 × 6 = (..................) + (..................)

= .... + ... = ...

...... / 1

9. Pose et calcule sur ton cahier.

a. 41 × 23 b. 156 × 19

...... / 1

10. Complète.

a. Dans la division de 27 par 2, le quotient est .... ; le reste est ....

b. Dans la division de 46 par 3, le quotient est .... ; le reste est ....

...... / 1

11. Lors d'une course, Maëlle doit effectuer 3 tours autour d'une piste d'athlétisme de 400 mètres, ainsi que 300 mètres supplémentaires. Quelle distance a-t-elle parcourue ?

....

....

....

...... / 1

12. Complète les phrases.

a. 1 € correspond à ...... pièces de 10 centimes.

b. 1 € correspond à ...... pièces de 20 centimes.

c. 2 € correspond à ...... pièces de 50 centimes.

...... / 1

13. **Complète les horloges digitales.**

...... : ...... ou ...... : ......

...... / 1

14. **Colorie les durées identiques d'une même couleur.**

1 h 30	1 heure et demie

120 min	90 min	2 h

...... / 1

15. **Complète par > ou <.**

a. 3 km ...... 2 500 m
b. 500 m ...... 1 km
c. 25 cm ...... 300 mm

...... / 1

16. **Numérote les masses de la plus légère à la plus lourde.**

5 kg	2 500 g	500 g	2 kg
....	....	....	....

...... / 1

17. **Trace le déplacement de la coccinelle.**

Avance de 2
Tourne à gauche
Avance de 3

...... / 1

18. **Trace un angle droit au point A.**

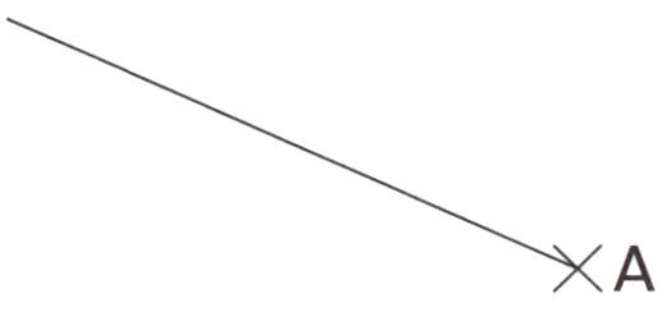

...... / 1

19. **Colorie les triangles en jaune et les quadrilatères en bleu.**

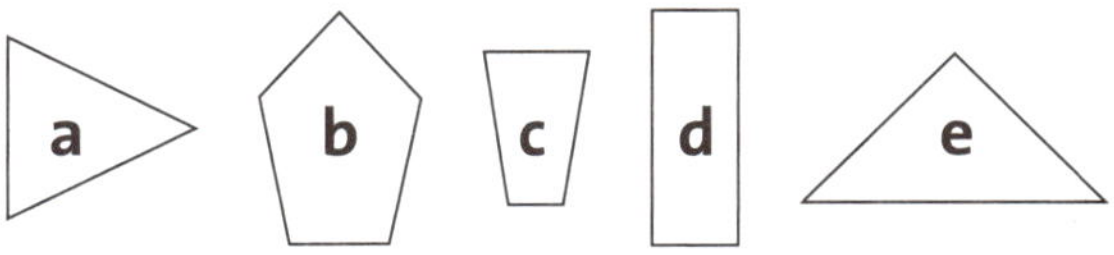

...... / 1

20. **Combien y a-t-il de carrés ?** ....

...... / 1

21. **Colorie les triangles rectangles.**

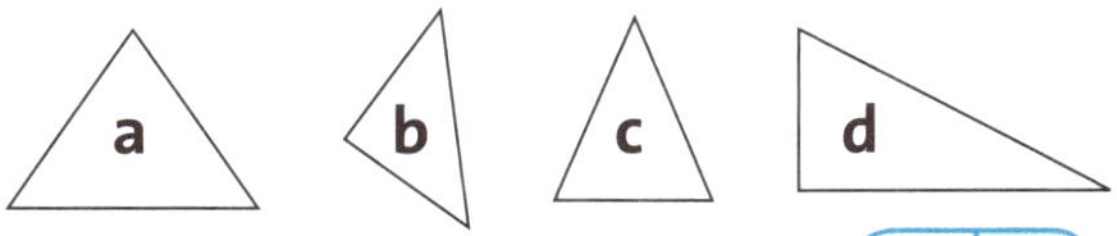

...... / 1

22. **Quel est le rayon de ce cercle ?**

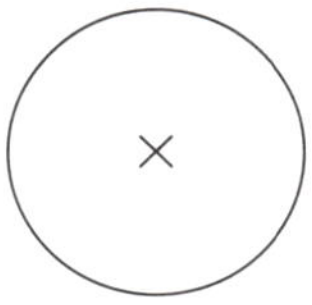

Le rayon mesure ...... cm.

...... / 1

23. **Trace les axes de symétrie des lettres suivantes.**

A B C D E

...... / 1

24. **Avec un feutre rouge, place un point sur chaque sommet, colorie une face et repasse sur une arête.**

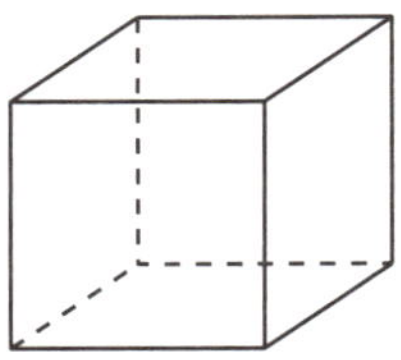

...... / 1

TOTAL : ...... / 25

ESPACE

1 Le quartier – La ville

LE COIN DES PARENTS
Pour aider votre enfant à s'approprier son espace proche, vous pouvez lui faire décrire les trajets empruntés pour se rendre à l'école, à la piscine, etc. Apprenez-lui aussi à se repérer sur un plan ou un GPS.

Livret parents → **Corrigés** p. 20

Je démarre !

Coche les objets qui servent à se repérer en ville.

- ☐ Une carte
- ☐ Un plan
- ☐ Un GPS
- ☐ Un répertoire
- ☐ Une photo

La ville

La ville est un milieu géographique qui regroupe de nombreux bâtiments et habitants. Dans cet espace qu'on appelle « urbain », la population habite, travaille, se déplace, apprend, se soigne, a des loisirs, etc.

Le centre-ville est le quartier central d'une ville, il est souvent ancien et très animé. Il regroupe des habitations, des commerces et des entreprises.

Le quartier

Le quartier est une partie d'une ville. Il existe des **quartiers d'habitations collectifs** (immeubles) ou **individuels** (maisons, pavillons) ; des **quartiers d'affaires** avec des entreprises dans lesquelles les gens travaillent ; des **quartiers commerciaux** où les habitants peuvent faire leurs achats. Un quartier autour d'une très grande ville s'appelle une **banlieue**.

S'orienter sur un plan

- Repère le nord sur le plan N↑.
- Remarque que le nord sur la rose des vents est orienté de façon identique au nord indiqué sur le plan.
- Situe les bâtiments et rues en utilisant les directions indiquées par la rose des vents.

Le parking est situé au nord-ouest, la piscine au sud-est.

- Construis ton trajet en utilisant les directions de la rose des vents.

Pour aller du parking à la piscine, je prends au sud du parking l'avenue de la Gare, puis à l'est la rue des Pommiers jusqu'à la piscine.

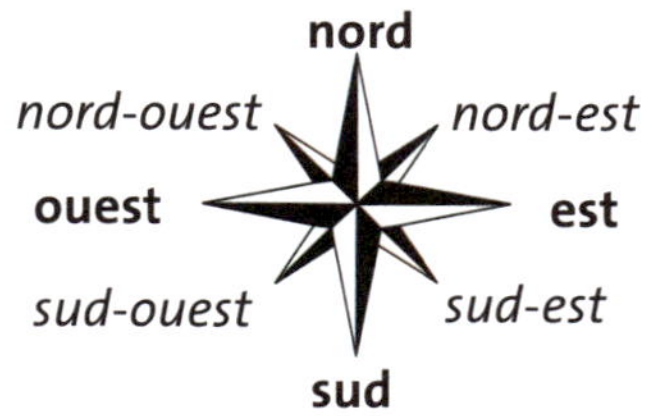

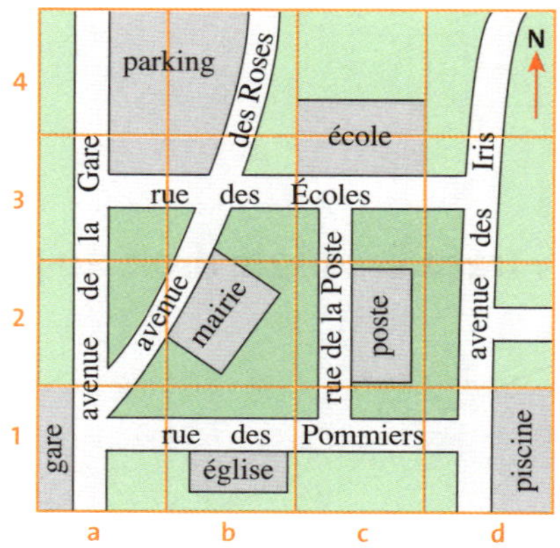

1 ★ Réponds par vrai ou faux.

a. Une ville est composée de plusieurs quartiers. ☐ Vrai ☐ Faux

b. Toutes les villes possèdent des banlieues. ☐ Vrai ☐ Faux

c. Dans un quartier d'habitations, on trouve de nombreuses entreprises. ☐ Vrai ☐ Faux

d. Sur la rose des vents, le nord-ouest est à l'opposé du sud-est. ☐ Vrai ☐ Faux

2 ★ Écris 1 s'il s'agit d'une ville et 2 s'il s'agit d'un quartier.

3 ★★★ Utilise le plan du Savoir faire pour répondre aux questions.

a. Quel bâtiment est situé au sud-ouest du plan ? ……………………

b. Quel bâtiment est situé au nord de la poste ? ……………………

c. Quelle rue traverse le quartier du nord-est au sud-est ? ……………………

d. Pour aller de l'école à l'église, quelles sont les deux directions que tu vas suivre ?

……………………

Bilan

4 ★★★ Complète le texte avec les mots suivants : des habitants – collectif – le centre-ville – quartiers – individuel – une banlieue – d'affaires – commercial.

a. Le quartier central d'une ville s'appelle …………………… . Autour de celui-ci, on trouve différents …………………… . Autour d'une très grande ville, on peut trouver …………………… .

b. La population est l'ensemble …………………… d'une ville. Elle peut travailler dans des quartiers …………………… et faire des achats dans un quartier …………………… .

c. Un quartier d'habitations peut être …………………… (immeubles) ou …………………… (maisons, pavillons).

Français
Maths
Espace
Sciences
Anglais
mon cahier spécial Dictées

2 La carte de la France

LE COIN DES PARENTS
Pour apprendre la géographie de la France, votre enfant peut réaliser des puzzles et s'entraîner avec des quiz. Demandez-lui également de se repérer sur les cartes météo.

Livret parents → **Corrigés** p. 20

Savoir

Je démarre !

Barre l'intrus.

Lille • Marseille • Italie • Paris • Bordeaux

Frontières, régions, grandes villes

- La France possède une **frontière commune avec six états européens** : la Belgique, le Luxembourg, l'Allemagne, la Suisse, l'Italie et l'Espagne.
- La France est découpée en **treize régions métropolitaines** et **cinq départements et régions d'outre-mer** (DROM).
- Les **dix grandes villes** françaises sont Paris (notre capitale), Lille, Strasbourg, Lyon, Marseille, Toulouse, Bordeaux, Nice, Nantes et Montpellier.

Savoir faire

Calculer une distance réelle à partir de l'échelle d'une carte

- Repère l'échelle de la carte.

Ici, 2 cm sur la carte représentent une distance réelle de 200 km.

- Mesure la longueur entre deux villes et calcule combien de fois tu as 2 cm.

Entre Paris et Lyon, il y a 4 cm, soit 2×2 cm.

- Multiplie ce nombre par la distance réelle représentée par l'échelle.

2×200 km = 400 km.

- Conclus.

Entre Paris et Lyon, il y a 400 km.

Faire

1 * Écris le nom des régions et des villes correspondant aux lettres.

a. ....
b. ....
c. ....
d. ....
e. ....
f. ....
g. ....
h. ....
i. ....
j. ....

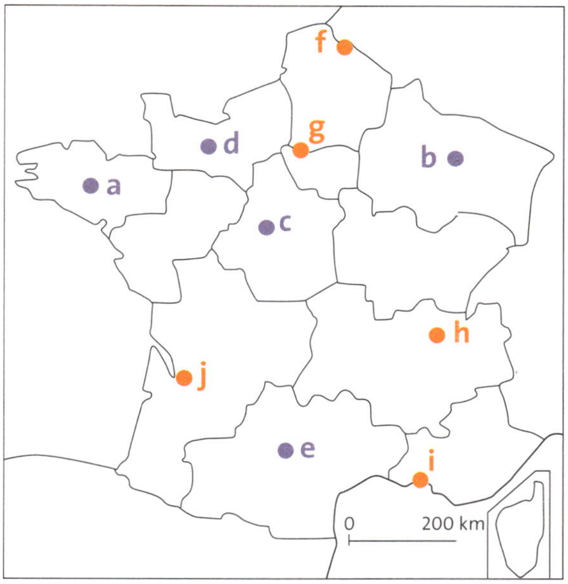

2 ** Réponds aux questions sur ta région.

a. Dans quelle région vis-tu ? ....
b. Quelles sont les régions qui l'entourent ? ....
c. Quelle grande ville se situe dans ta région ? ....
d. De quel pays ta région est-elle la plus proche ....

3 ** Avec la carte du Savoir faire, calcule la distance en ligne droite entre.

a. Paris et Lille : ....
b. Lille et Montpellier : ....

Bilan

4 *** Réponds aux questions en t'aidant de la carte du Savoir faire.

a. Cite les pays qui ont une frontière avec la France.
....
b. Quelle grande ville est située près de la frontière italienne ?
....
c. À quelle région appartient la ville de Bordeaux ? ....
d. Cite deux régions à l'est de la France. ....
....
e. Combien y a-t-il de DROM ? ....

Je m'évalue

ESPACE

3 La diversité des paysages français

LE COIN DES PARENTS
Vous pouvez inviter votre enfant à commencer une collection de cartes postales, qu'il classera en fonction des paysages. Il accompagnera ainsi la mémorisation des notions par des illustrations, ce qui favorisera l'appropriation.

Livret parents → **Corrigés** p. 20

Savoir

Je démarre !

Légende les dessins avec les noms des paysages représentés.

....

....

Les paysages de littoral

Ce sont les paysages situés en bord de mer. Les côtes peuvent être **sableuses**, **rocheuses** ou à **falaises**.

Les paysages de montagne

Ils peuvent être constitués de **montagnes jeunes** aux sommets pointus et versants abrupts, de **vieilles montagnes** aux sommets arrondis et usés.

Les paysages ruraux (la campagne)

Ils sont constitués de grandes **plaines** ou de **bocages** (prés bordés de haies).

Les paysages urbains (les villes)

Les villes sont constituées d'un **centre-ville**, de **quartiers** d'**immeubles collectifs** ou d'**habitations individuelles** et parfois de **banlieues**. Elles regroupent de nombreux habitants et sont situées dans toutes les régions françaises.

Savoir faire

Connaître la localisation des différents paysages en France

- **Repère la légende.**

Chaque couleur indique un type de paysage.

- **Conclus.**

Marseille est une ville située sur le littoral de la mer Méditerranée.
Aucune grande ville ne se trouve dans un paysage montagneux.
Strasbourg se situe à proximité du massif montagneux des Vosges.

1 *

Complète le tableau avec les éléments paysagers suivants :
côtes sableuses – immeubles – sommets arrondis et usés – bocages – campagne – falaises – collines – banlieues – côtes rocheuses – versants abrupts – plaines – population dense.

paysages de montagnes	paysages urbains	paysages de littoral	paysages ruraux

2 ***

Complète la carte.

a. Colorie les mers et océans en bleu, et les montagnes en marron.

b. Écris le nom des mers et océans.

c. Complète avec le nom des villes :

1. Capitale de la France : ……………
2. ……………
3. ……………
4. ……………

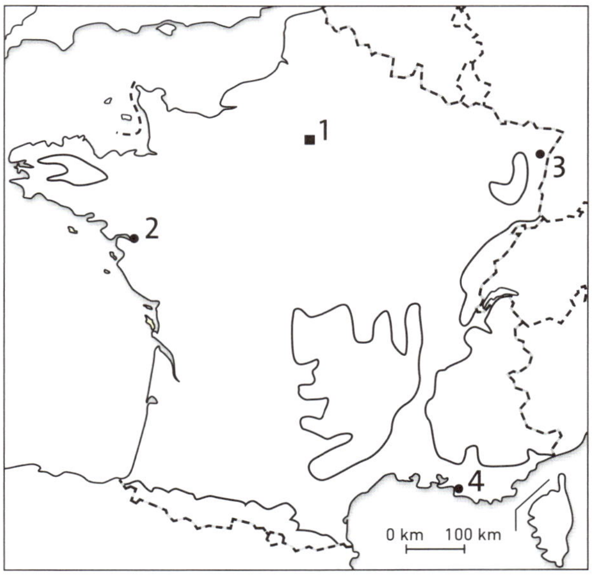

Bilan

3 ***

Réponds aux questions en utilisant les informations du Savoir et du Savoir faire.

a. Quels types de paysages trouve-t-on en France ?

……………

b. Quel massif montagneux est situé à la frontière espagnole ?

……………

c. Quelles sont les deux grandes villes situées près du littoral atlantique ?

……………

d. Quels massifs montagneux se situent à côté de Lyon ?

……………

ESPACE

4 Les zones climatiques dans le monde

LE COIN DES PARENTS
Les questions actuelles autour du climat et de la défense de l'environnement vous permettront d'initier votre enfant à la nécessité de préserver notre planète.

Livret parents → **Corrigés** p. 20

Je démarre !

Coche les propositions qui correspondent au climat de la France.

- ☐ Il y a quatre saisons.
- ☐ Il gèle pendant tout l'hiver.
- ☐ En été, il fait en moyenne entre 20 °C et 30 °C.

Le monde est partagé en trois grandes zones climatiques.

- **La zone froide** se situe autour des pôles Nord et Sud.
Le climat est **polaire** : les températures sont comprises entre – 15 °C et – 60 °C, les précipitations sont très faibles.
- **Dans la zone tempérée,** il fait entre – 30 °C et + 30 °C et les précipitations varient en fonction des quatre saisons.
- **La zone chaude** est comprise entre les deux tropiques.
Le climat est **tropical** (parfois chaud et sec, parfois chaud et humide) ou **équatorial** (chaud et humide). Les températures sont comprises entre 20 °C et 40 °C.

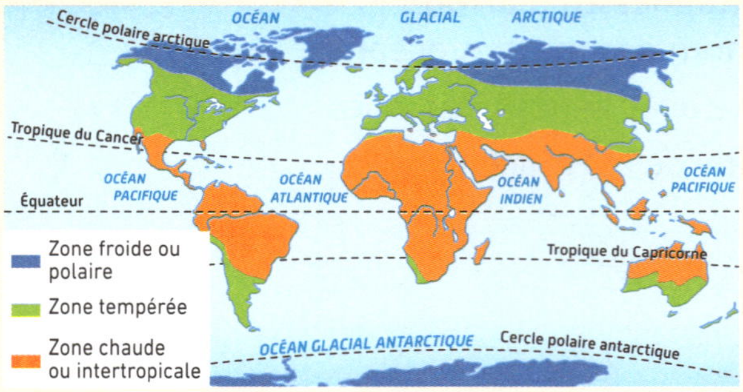

Lire un tableau de températures et de précipitations

Températures moyennes et précipitations mensuelles de Brest

Mois	janv.	fév.	mars	avril	mai	juin	juil.	août	sept.	oct.	nov.	déc.
Températures (degré Celsius)	6	7	8	9	12	15	17	16	15	13	9	7
Précipitations (millimètres)	127	98	82	64	63	58	61	80	83	102	139	145

- **Repère.**

– La température la plus basse est de 6 °C ; la température la plus élevée est de 17 °C.

– Le niveau des précipitations : il pleut régulièrement, mais plus en automne et en hiver.

- **Conclus.**

Le climat de Brest est celui de la zone tempérée.

1 ★ Indique sous chaque photo le type de climat.

....

2 ★ Barre la proposition fausse.

a. Dans la zone tempérée, il y a quatre – deux saisons.

b. Le climat polaire est situé dans la zone tempérée – froide.

c. Dans la zone froide, les précipitations sont faibles – abondantes.

d. Le climat équatorial est chaud et humide – sec.

e. Dans la zone tempérée – chaude, les températures sont comprises entre 20 °C et 40 °C.

3 ★★ Observe la carte du Savoir et complète les phrases.

a. La France est située dans la zone ....

b. La zone .... est située entre le tropique du Cancer et le tropique du Capricorne.

c. Les deux cercles polaires sont situés dans la zone ....

d. Le continent intégralement en zone tempérée est ....

e. Le continent américain comporte .... zones climatiques différentes.

Bilan

4 ★★★ Réponds par vrai ou faux.

a. Il existe trois zones climatiques dans le monde.	☐ Vrai	☐ Faux
b. Le pôle Nord est en zone froide.	☐ Vrai	☐ Faux
c. Dans le climat équatorial, les précipitations sont rares.	☐ Vrai	☐ Faux
d. Les précipitations se mesurent en centimètres.	☐ Vrai	☐ Faux
e. Dans la zone tempérée, les températures peuvent être négatives ou positives.	☐ Vrai	☐ Faux
f. Toute l'Europe est en zone chaude.	☐ Vrai	☐ Faux

Je m'évalue ☐ ☐ ☐

5 Quelques milieux naturels dans le monde

LE COIN DES PARENTS
Sensibilisez votre enfant à la fragilité des milieux naturels en lui montrant certains gestes écologiques du quotidien : économiser l'eau, trier ses déchets, etc.

Livret parents → **Corrigés** p. 21

Savoir

Je démarre !

Entoure la photo du désert.

Dans le monde, on trouve une grande diversité de milieux naturels.

les montagnes, les forêts, les prairies, etc.

Chaque milieu naturel est caractérisé par son relief, sa végétation, son climat, les animaux qui le peuplent, l'activité des hommes, etc.

Les déserts

- Dans les **déserts chauds**, le sol est composé de sable et il y a très peu ou pas de végétation. L'eau est rare. Le Sahara (Afrique), les déserts des Mojave et d'Atacama (Amérique), de Gobi (Asie), de Simpson (Australie), et le désert des Bardenas Reales (Europe) sont des déserts chauds.
- Dans les **déserts froids**, le sol est composé de terre ou de roches gelées. L'eau de mer gèle et forme la banquise. On trouve ces déserts froids près des pôles. Le plus grand désert froid est le Groenland.

Les hautes montagnes

- Elles ont une altitude (hauteur par rapport au niveau de la mer) élevée.
- Elles ont un relief accidenté (fortes pentes, versants abrupts, sommets pointus).
- L'Asie compte la plus grande superficie de hautes montagnes dont le sommet le plus élevé dans l'Himalaya : le mont Everest (8 848 m).

Savoir faire

Caractériser un paysage

- **Décris la photo.**

– Relief : des dunes de sable.
– Végétation : elle est rare.
– Climat : chaud et sec.
– Animaux : chameaux.
– Activité des hommes : des nomades conduisent la caravane de chameaux.

- **Conclus.**

Il s'agit d'un paysage de désert chaud.

1 ★ Complète les phrases avec les mots suivants :

mont Everest – pointus – déserts – la banquise – 8848 – versants – froids – pentes – dunes – sécheresse.

a. Dans les déserts .... l'eau de mer gèle et forme ....

b. Dans les .... chauds, le sable forme des ....

c. Les hautes montagnes ont des sommets ...., des .... abrupts et de fortes ....

d. Le manque d'eau s'appelle la ....

e. Le sommet le plus élevé du monde est le ...., qui culmine à .... m.

2 ★★ Observe la photo et complète les rubriques pour décrire quelques caractéristiques d'un paysage montagneux.

a. Relief : ....
....

b. Végétation : ....
....

c. Climat : ....
....

d. Animaux : ....
....

e. Activité des hommes : ....
....
....

Bilan

3 ★★★ Réponds aux questions.

a. Cite un désert situé en Afrique. ....

b. Sur quel continent se trouve le désert d'Atacama ? ....

c. Quel continent possède la plus grande superficie de hautes montagnes ?
....

d. Où se trouve le plus grand désert froid ? ....

e. Quel continent ne possède pas de désert ? ....

ESPACE

6 Notre planète dans l'univers

LE COIN DES PARENTS
Les enfants sont fascinés par l'infini de l'univers. De nombreuses manifestations existent pour les accompagner dans cette découverte : nuit des étoiles, visite de planétariums, clubs d'astronomie, etc.

Livret parents → **Corrigés** p. 21

Savoir

Je démarre !

Coche la bonne réponse.
Le soleil est :
- une planète
- une étoile
- une galaxie
- un satellite

Dans l'univers, il existe des milliards de galaxies.

Chaque galaxie est composée d'étoiles, de gaz et de poussières de l'espace.

Notre planète, la Terre, se trouve dans une galaxie appelée « Voie lactée ».

La Voie lactée compte des milliards d'étoiles.

Savoir faire

Comprendre le système solaire

- Le système solaire est une partie de notre galaxie.
- Il est composé :

– du soleil , étoile formée de gaz qui produit de la lumière et de la chaleur ;

– de huit planètes qui tournent autour du soleil (Mercure, Vénus, la Terre, Mars, Jupiter, Saturne, Uranus et Neptune) ;

– de la Lune, satellite naturel de la Terre autour de laquelle elle tourne ;

– de nombreux satellites gravitant autour des autres planètes.

1 ★ Numérote ces éléments du plus vaste au plus petit.

☐ Terre ☐ Univers ☐ Voie lactée ☐ Système solaire

2 ★★ Barre la proposition fausse.

a. Il existe une seule – plusieurs galaxie(s) dans l'univers.
b. Notre galaxie se nomme la Voie laiteuse – lactée.
c. Vénus est une étoile – une planète.
d. Notre système solaire comprend huit – neuf planètes.
e. La lune est un satellite artificiel – naturel de la Terre.

3 ★★★ Réponds aux questions en observant le schéma du Savoir faire.

a. Quelle est la planète la plus proche du Soleil ? ....
b. Quelle est la plus grosse planète ? ....
c. Quelles sont les deux planètes les plus proches de la Terre ? ....
d. Quelle planète est entourée d'anneaux ? ....
e. Quelle est la planète la plus éloignée du Soleil ? ....

Bilan

4 ★★★ Légende le schéma en t'aidant des informations du Savoir faire.

Je m'évalue ☐ ☐ ☐

7 Mesurer le temps

LE COIN DES PARENTS
Proposez à votre enfant de comparer le temps de son histoire personnelle avec le temps du passé en utilisant une pelote de laine : sa vie représente 5 mm de fil et tout le reste de la pelote représente le passé !

Livret parents → **Corrigés** p. 21

Je démarre !

Entoure la durée la plus longue.

mois • millénaire • année • siècle • jour • décennie

Les durées longues : siècles et millénaires

- Le passé se déroule sur une durée très longue. Il se mesure avec des unités spécifiques : le siècle et le millénaire.
  – Un **siècle** dure 100 ans.
  – Un **millénaire** dure 1 000 ans.
- En France, les siècles et les millénaires sont déterminés à partir de l'année de naissance de Jésus-Christ (an 1 de notre calendrier).
- Le premier siècle va de l'an 1 à l'an 100. Le premier millénaire de l'an 1 à l'an 1000.
- Pour trouver le siècle correspondant à une date, on ajoute 1 au nombre de centaines.

1457 → J'ajoute 1 centaine : 15 centaines
→ 1457 appartient au XVe siècle
↑ nombre de centaines

- Les années multiples de 100 ne suivent pas cette règle : 1600 appartient au XVIe siècle.

Lire les chiffres romains

- Les siècles écrits sont numérotés en **chiffres romains**.

Le quatorzième siècle s'écrit **XIVe siècle** en chiffres.

- Règles de lecture des chiffres romains :
  – deux chiffres identiques côte à côte s'additionnent ; XX = 20
  – un grand chiffre suivi d'un plus petit chiffre s'additionnent ; VI = 6
  – I placé avant un grand chiffre se soustrait ; IX = 9
  – le même chiffre ne peut pas être répété plus de trois fois. 400 s'écrit CD et non CCCC

Représentation des chiffres romains	
I	1
V	5
X	10
L	50
C	100
D	500
M	1 000

1 ★ Complète la phrase.

Aujourd'hui, nous sommes en l'an .... au .... siècle et au .... millénaire.

2 ★ Relie.

a. Un siècle dure •
b. Un an dure •
c. Une semaine dure •
d. Un millénaire dure •
e. Un mois dure •
f. Un jour dure •

• 7 jours.
• 30 ou 31 jours.
• 100 ans.
• 365 jours.
• 1 000 ans.
• 24 heures.

3 ★★ Complète les tableaux comme dans l'exemple.

2	II
....	XXV
....	CLI
563	....
1235	....
....	MDCCXII

date	siècle	siècle en chiffres romains
76	premier siècle	Ier siècle
347	....	....
1264	....	....
1751	....	....
1985	....	....
2019	....	....

Bilan

4 ★★★ Réponds par vrai ou faux.

a. Un siècle est plus long qu'un millénaire. ☐ Vrai ☐ Faux
b. Le nombre XIX indique le dix-neuvième siècle. ☐ Vrai ☐ Faux
c. Le XVe siècle commence en 1401. ☐ Vrai ☐ Faux
d. Nous sommes au XXe siècle. ☐ Vrai ☐ Faux

TEMPS

8 Les grandes périodes historiques

LE COIN DES PARENTS

Le temps historique est découpé en cinq grandes périodes. Votre enfant devra les connaître dans l'ordre chronologique dès cette année. Veillez à ce qu'il ne confonde pas Temps modernes et période contemporaine.

Livret parents → **Corrigés** p. 21

Je démarre !

Coche les informations qui servent à se repérer dans le temps de l'histoire.

- ☐ Les dates
- ☐ Les cartes
- ☐ Les grands personnages

Le passé est découpé en cinq grandes périodes historiques :

– la préhistoire ;
– l'Antiquité ;
– le Moyen Âge ;
– les Temps modernes ;
– l'époque contemporaine.

• Les dates sont écrites en fonction de la naissance de Jésus-Christ en l'an 1 :

– avant l'an 1, elles sont notées – 132, ou 132 avant Jésus-Christ, ou 32 av. J.-C. ;

– après l'an 1, elles sont notées 75, ou 75 après Jésus-Christ, ou 75 ap. J.-C.

• Chaque nouvelle période débute par un événement marquant. Par exemple : les Temps modernes débutent avec la découverte de l'Amérique en 1492.

Lire une frise chronologique

• La frise chronologique représente le temps.

– Elle se lit de gauche à droite et se termine par une flèche qui représente le futur.

– On y trouve les informations suivantes dans l'ordre chronologique :

❶ Les époques
❷ Les dates charnières
❸ Le nom des événements

préhistoire	Antiquité	Moyen Âge ❶	Temps modernes	époque contemporaine
– 5 000 000 : apparition de l'homme	– 3000 : invention de l'écriture	476 : chute de l'Empire romain d'Occident	1492 : découverte de l'Amérique	1789 : ❷ Révolution française ❸

1 ★ Numérote les périodes de la plus ancienne à la plus récente.

- [ ] les Temps modernes
- [ ] le Moyen Âge
- [ ] la préhistoire
- [ ] l'Antiquité
- [ ] l'époque contemporaine

2 ★ Relie les dates aux événements charnière.

a. 1789 •	• chute de l'Empire romain d'Occident
b. – 3 000 •	• Révolution française
c. 476 •	• invention de l'écriture
d. 1492 •	• apparition de l'homme
e. – 5 000 000 •	• découverte de l'Amérique

3 ★★ Complète la frise historique en suivant les consignes.

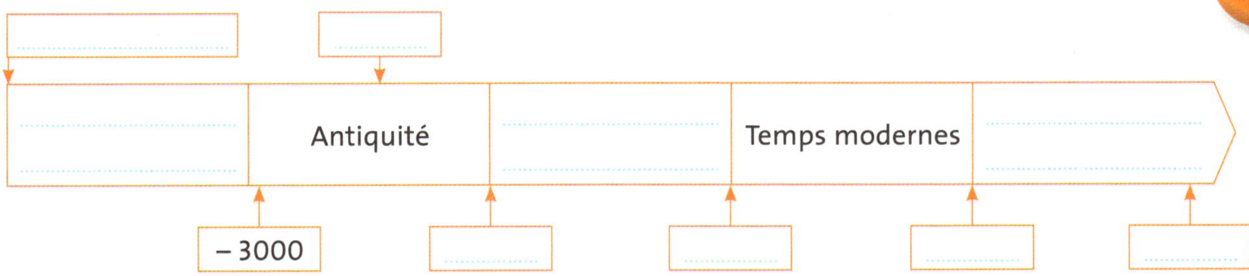

a. Écris le nom des périodes manquantes.

b. Colorie en bleu le Moyen Âge et en jaune l'époque contemporaine.

c. Indique l'année en cours et écris les dates suivantes à leur place : – 5 000 000, 0, 476, 1492 et 1789.

Bilan

4 ★★★ Utilise la frise chronologique du Savoir faire pour répondre aux questions.

a. Quelle est la période historique la plus longue ? ....

b. Quelle période débute en 1789 ? ....

c. Quelles sont les dates de début et de fin du Moyen Âge ? ....

d. Quelle période se termine en 476 ? ....

9 Dates clés

LE COIN DES PARENTS

Pour mémoriser les dates en histoire, pensez aux divers jeux de société. Vos enfants retiendront de façon ludique les grandes dates de l'histoire de France avec des jeux de cartes, jeux de l'oie, loto, memory et quiz.

Livret parents → **Corrigés** p. 21

Je démarre !

Coche les dates qui correspondent à l'époque contemporaine.

- ☐ 1815
- ☐ 2002
- ☐ 1945
- ☐ 1715
- ☐ – 2000

Quelques dates clés des différentes époques historiques

- – 450 000 : maîtrise du feu
- – 52 : bataille d'Alésia
- 800 : sacre de Charlemagne
- 1450 : invention de l'imprimerie par Gutenberg
- 1804 : Napoléon couronné empereur
- 1914-1918 : Première Guerre mondiale
- 1957 : début de la construction européenne

Placer des événements sur une frise historique

Les événements marquants du Moyen Âge sont le sacre de Charlemagne en 800, la fin de la Guerre de Cent Ans en 1453, l'élection de Hugues Capet en 987, et le baptême de Clovis en 496. Le Moyen Âge débute en 476 avec la chute de l'Empire romain et s'achève en 1492 avec la découverte de l'Amérique.

- **Repère les dates à placer dans l'ordre chronologique.**

476 – 496 – 800 – 987 – 1453 – 1492

- **Utilise l'échelle de la frise pour placer chaque date au bon endroit.**

Les dates clés du Moyen Âge

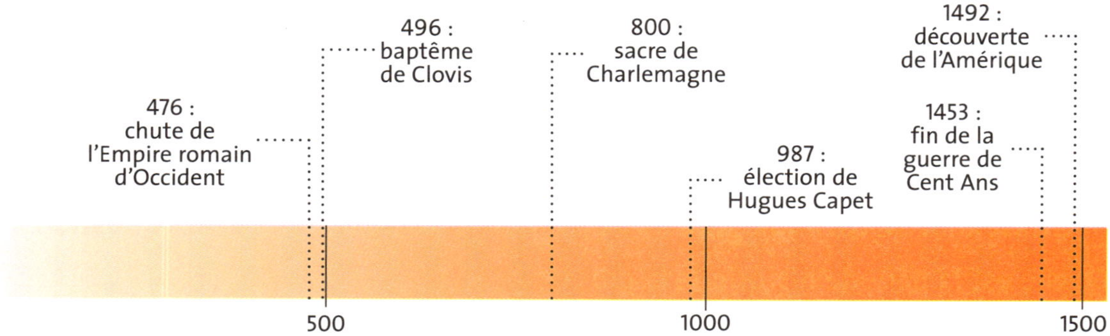

- **Écris sur la frise l'événement qui correspond à chaque date et donne-lui un titre :** « Les dates clés du Moyen Âge ».

1 ★ Numérote les événements dans l'ordre chronologique.

- …… 1792 : Première République
- …… – 8000 : début de l'agriculture
- …… 1270 : mort de Saint Louis
- …… 1989 : chute du mur de Berlin
- …… – 753 : création de Rome
- …… 1 : naissance de Jésus-Christ

2 ★★ Écris le nom et la date de l'événement sous l'illustration :

bataille d'Alésia – maîtrise du feu – invention de l'imprimerie – couronnement de Napoléon.

……………………

……………………

……………………

……………………

Bilan

3 ★★★ Complète la frise du XXe siècle avec les événements suivants :

1914-1918 : Première Guerre mondiale – 1939-1945 : Seconde Guerre mondiale – 1969 : premier homme sur la Lune – 2000 : utilisation de l'Euro – 1958 : Ve République.

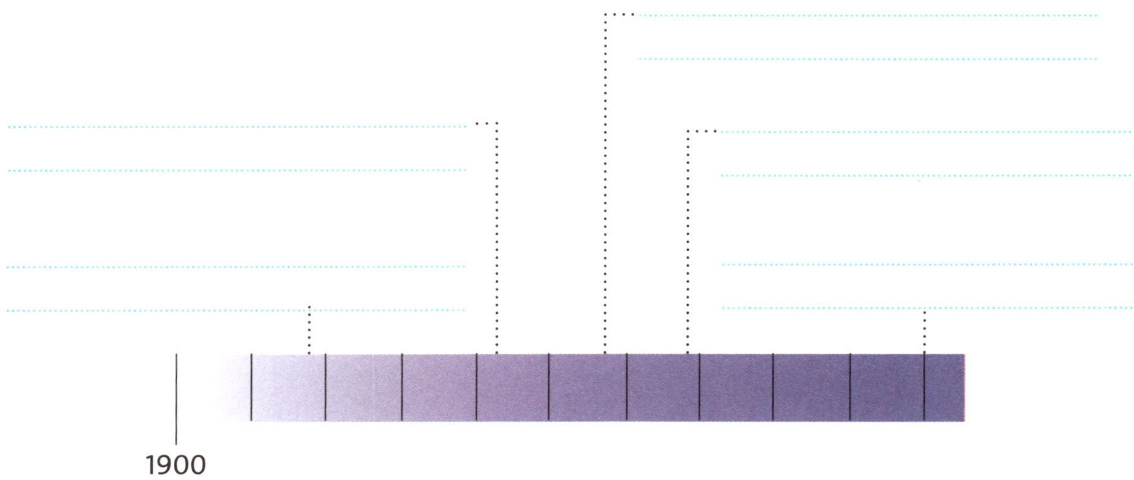

TEMPS

10 La préhistoire

LE COIN DES PARENTS
Regardez des films d'animation avec vos enfants pour déconstruire certaines idées reçues : les hommes préhistoriques n'ont pas côtoyé les dinosaures et ne vivaient pas dans des grottes.

Livret parents → **Corrigés** p. 21

Savoir

Je démarre !

Entoure les objets connus à la préhistoire.

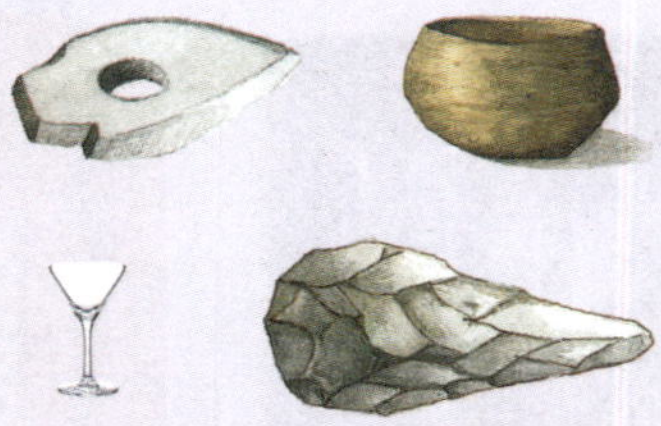

• La préhistoire commence aux origines de l'homme (il y a 3 millions d'années) et se termine avec la naissance de l'écriture (3 000 ans avant J.-C.).

• Au **Paléolithique** (âge de la pierre taillée), les hommes sont nomades. Ils vivent de la cueillette, de la chasse et de la pêche grâce aux outils taillés dans le silex ou des os. Ils vivent dans des huttes et peignent sur les parois des grottes. Ils commencent à maîtriser le feu.

• Au **Néolithique** (âge de la pierre polie), ils deviennent sédentaires et vivent dans des villages où ils cultivent la terre et élèvent des animaux : c'est le début de l'agriculture et de l'élevage. Ils commencent aussi à fabriquer des outils en pierre polie puis en métal, ainsi que des poteries. Enfin, ils érigent des monuments : menhirs (pierres dressées) et dolmens (tombes collectives).

Savoir faire

• Comprendre l'art rupestre (sur la roche) ou pariétal (sur les parois)

• **Repère les techniques utilisées.**

Les hommes préhistoriques utilisaient :

– des pigments rouges, bruns ou noirs fabriqués à partir de matières naturelles ; la roche, le charbon

– des outils variés. leurs doigts, leur bouche (pour souffler la peinture), des bâtonnets ou des pinceaux

• **Repère les motifs et leur signification.**

Leurs peintures représentent :

– principalement des animaux ; bisons, chevaux, cerfs, aurochs, félins

– souvent des mains en positif ou négatif et des signes divers ; points, lignes

– rarement des êtres humains.

1 ★ Relie chaque période à ses caractéristiques.

a. Les hommes sont des nomades. •
b. Ils maîtrisent le feu. •
c. Ils érigent des dolmens. •
d. Ils taillent des silex. •

• Paléolithique •
• Néolithique •

• e. Ils cultivent la terre.
• f. Ils sont sédentaires.
• g. Ils créent les peintures rupestres.
• h. Ils fabriquent des outils en métal.

2 ★ Cite les trois sources d'alimentation de l'homme au Paléolithique.

a. ....
b. ....
c. ....

3 ★★ Coche les peintures rupestres.

Bilan

4 ★★★ Complète le texte.

a. La préhistoire débute aux .... et se termine avec l'invention de ....

b. Le Paléolithique est l'âge de .... Le .... est l'âge de la pierre polie.

c. Les hommes préhistoriques étaient d'abord des ...., puis ils se sont installés dans des villages et sont devenus ....

d. Leur vie s'est transformée avec la maîtrise du .... et l'apparition de .... et de l'élevage.

e. Ils pratiquent également l'art .... ou ....

Je m'évalue ☐ ☐ ☐

11 L'Antiquité

LE COIN DES PARENTS
La lecture des albums d'Astérix est une introduction ludique à la compréhension de la période de l'Antiquité. Vous y trouverez des éléments historiques justes : représentation des monuments, organisation de l'armée.

Livret parents → **Corrigés** p. 21

Je démarre !

Coche les inventions qui n'existaient pas pendant l'Antiquité.

☐ l'imprimerie
☐ les outils en métal
☐ l'écriture
☐ les fresques peintes
☐ l'électricité

- **L'Antiquité s'étend de l'an – 3000 (invention de l'écriture) à l'an 476 (chute de l'Empire romain d'Occident).**
- **En – 58, Jules César envahit la Gaule. Les Gallo-Romains érigent de nombreux monuments.**

- Le **forum** (place centrale) regroupe les bâtiments publics, les **voies** permettent de se déplacer, les **aqueducs** d'acheminer l'eau et les **thermes** (bains publics) de se laver.
- Les **théâtres** accueillent des spectacles (théâtre, danse, chant), les **amphithéâtres** des combats de gladiateurs, les **cirques** des courses de chevaux et de chars.
- Les **arcs de triomphe** célèbrent les victoires militaires, les **temples** servent de lieux de culte envers des personnes célèbres ou des Dieux.

Connaître l'architecture gallo-romaine : le temple

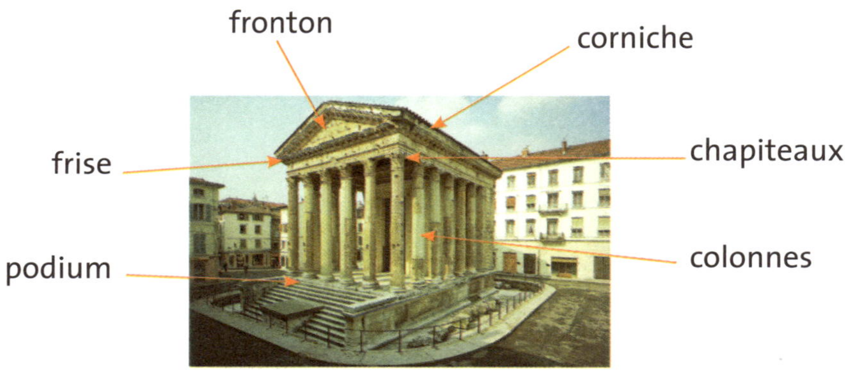

- La maison carrée de Nîmes est un temple construit vers l'an 5 ou 6.
- Le temple est surélevé sur un podium pour dominer le forum. Son architecture respecte le **style antique classique** : une forme rectangulaire entourée de **colonnes**, un **fronton** triangulaire qui surplombe l'entrée, des **frises** et **chapiteaux ornés** de sculptures (feuilles d'olivier, roses, oiseaux, volutes).

1 ★ Numérote les événements dans l'ordre chronologique.

- ☐ 476 : fin de l'Antiquité
- ☐ 3000 av. J.-C. : apparition de l'écriture
- ☐ 58 av. J.-C. : conquête de la Gaule
- ☐ 52 av. J.-C. : bataille d'Alésia
- ☐ an 1 : naissance de Jésus-Christ

2 ★ Relie chaque description au monument correspondant.

a. Il sert à acheminer l'eau potable en ville. •	• L'arc de triomphe
b. C'est un lieu de divertissement et de spectacle. •	• Le théâtre
c. Ce monument commémore une victoire militaire. •	• L'aqueduc
d. On y organise des combats de gladiateurs. •	• Les thermes
e. Les Gallo-Romains s'y lavent. •	• L'amphithéâtre

3 ★★ Retrouve, dans la liste suivante, le nom de chaque monument représenté, puis écris-le sous l'illustration correspondante :

villa – théâtre – temple – aqueduc – arc de triomphe – arènes.

a. ....

b. ....

c. ....

d. ....

Bilan

4 ★★★ Réponds par vrai ou faux.

a. L'Antiquité commence en l'an 1.	☐ Vrai	☐ Faux
b. Tous les Gallo-Romains vivaient à la campagne.	☐ Vrai	☐ Faux
c. Jules César a conquis la Gaule.	☐ Vrai	☐ Faux
d. Les villes gallo-romaines étaient organisées autour du forum.	☐ Vrai	☐ Faux
e. Dans les cirques ont lieu des combats de gladiateurs.	☐ Vrai	☐ Faux
f. Les temples rendent hommage à des personnages célèbres ou aux dieux.	☐ Vrai	☐ Faux

12 Le Moyen Âge

LE COIN DES PARENTS
Afin de rendre vivante la période du Moyen Âge, vous pouvez organiser des visites de châteaux forts, d'églises, de cités et de lieux symboliques ou participer à des fêtes médiévales dans votre région.

Livret parents → **Corrigés** p. 21

Savoir

Je démarre !

Barre l'intrus (le personnage qui n'a pas vécu au Moyen Âge).
Charlemagne • Jules César • Jeanne d'Arc • Saint Louis • Hugues Capet

- **Le Moyen Âge commence en 496 et s'achève en 1492 avec la découverte de l'Amérique.**

- **Quatre grands rois ont marqué cette période.**

- **Clovis** est le premier roi des Francs. Il se fait baptiser en 496 et va régner sur presque toute la Gaule.
- **Charlemagne** est couronné empereur en l'an 800. Il mène de nombreuses guerres. Après sa mort, son empire est partagé en trois parties, dont l'une deviendra la France.
- **Hugues Capet** est élu roi de France en 987. Son royaume n'est pas très étendu, mais ses successeurs vont l'agrandir.
- **Saint Louis** (Louis IX) a régné au XIIIe siècle. C'est un roi très pieux et respecté. En 1248, il part pour la croisade afin de récupérer un accès au tombeau du Christ en Palestine.

Savoir faire

• Comprendre le rôle de Jeanne d'Arc dans la guerre de Cent Ans (1337-1453)

Denis Foyatier, statue équestre de Jeanne d'Arc

- **Décris la photo.**

Jeanne d'Arc, jeune paysanne née en 1412, porte une armure et une épée, qui indiquent son engagement militaire auprès du roi Charles VII. Elle va se battre contre les Anglais pour leur reprendre une partie de la France qu'ils occupent, notamment la ville d'Orléans où est érigée cette statue.

- **Complète tes connaissances.**

En 1431, Jeanne d'Arc est capturée par les Anglais et brûlée vive sur le bûcher. En 1453, les Anglais sont chassés de France et la guerre de Cent Ans s'achève.

1 * Complète le tableau.

date	roi	événement
	Saint Louis	
496		
		couronnement
	Hugues Capet	

2 ** Numérote chaque image dans l'ordre chronologique.

Saint Louis part en croisade.

Hugues Capet est élu roi de France.

Clovis est baptisé dans la cathédrale de Reims.

Charlemagne est couronné empereur à Rome.

3 ** Complète le texte sur la vie de Jeanne d'Arc grâce au Savoir faire.

Jeanne d'Arc est une jeune .... née au .... siècle.
Elle va convaincre et aider le roi .... de chasser les ....
hors de France. Elle est capturée en .... et meurt sur le ....
La guerre de .... prendra fin en ....

Bilan

4 *** Réponds aux questions suivantes.

a. Combien de temps dure le Moyen Âge ? ....

b. Cite trois grands rois du Moyen Âge. ....

....

c. Quel événement s'est déroulé en 1248 ? ....

d. À quelle date Charlemagne a-t-il été couronné empereur ? ....

e. Comment s'appelle le premier roi capétien ? ....

f. Qui Jeanne d'Arc a-t-elle combattu ? ....

TEMPS

13 Les Temps modernes et la Révolution française

LE COIN DES PARENTS
Pour que votre enfant retienne les grandes dates importantes, mobilisez la vue (chercher des illustrations de l'événement), la parole (lire et répéter la leçon), l'écoute (écouter une vidéo), l'écriture (recopier la leçon).

Livret parents → **Corrigés** p. 22

Savoir

Je démarre !

Coche les rois français.

- ☐ Louis XIV
- ☐ Henri IV
- ☐ François Ier
- ☐ Christophe Colomb
- ☐ Louis XVI

Quelques dates clés

- **1492 :** Christophe Colomb découvre l'Amérique.
- **XIVe siècle :** c'est le siècle des grandes découvertes et des progrès scientifiques : invention de la boussole, de la cartographie, du gouvernail et de la caravelle.
- **1562-1598 :** période marquée par les guerres de religion entre les catholiques et les protestants.
- **1598 :** l'édit de Nantes signé par le roi Henri IV reconnaît aux protestants le droit de pratiquer librement leur religion.
- **1661-1715 :** Louis XIV, le Roi-Soleil, règne en monarque absolu sur la France. Il exerce un pouvoir autoritaire, fait bâtir le château de Versailles, mène de nombreuses guerres et révoque l'édit de Nantes en 1685.
- **14 juillet 1789 :** La prise de la Bastille marque le début de la Révolution française.

Savoir faire

Comprendre les causes de la Révolution française

- **Observe la gravure.**

❶ Un paysan (reconnaissable à sa faux) porte sur son dos deux personnages.

❷ Le prêtre (portant une tenue noire et une croix dorée) est à la charge du paysan.

❸ Le noble (portant un riche vêtement et une épée) est également supporté par le paysan.

- **Interprète la gravure.**

Cette gravure montre que la société est inégalitaire : seul le paysan paye des impôts.

- **Complète tes connaissances.**

La Révolution met fin à la monarchie et aux privilèges. Le peuple français obtient plus de liberté et d'égalité.

1 * Numérote dans l'ordre chronologique les événements suivants.

- ...... Signature de l'édit de Nantes
- ...... découverte de l'Amérique
- ...... Révolution française
- ...... Règne de Louis XIV
- ...... début des guerres de religion

2 ** Complète le texte sur Louis XIV.

Louis XIV règne de .... à .... On appelle son règne la monarchie .... car il gouverne seul et de façon autoritaire. Il a conduit de nombreuses .... pour agrandir le territoire .... En 1685, il révoque ....
Louis XIV a fait construire le château de .... Il est appelé le ....

3 ** Barre les propositions fausses sur la révolution.

a. Avant 1789, la société française est très égalitaire – inégalitaire : seuls les paysans payent – ne payent pas d'impôts.

b. La prise du Château de Versailles – la prise de la Bastille a lieu le 14 juillet 1789.

c. La Révolution française apporte plus – moins de liberté et d'égalité au peuple français. C'est la fin – le début des privilèges.

d. Après 1789, il y a toujours – il n'y a plus de roi en France.

Bilan

4 *** Place les événements sur la frise chronologique:

guerres de religion – Révolution française – règne de Louis XIV – édit de Nantes – découverte de l'Amérique – révocation de l'édit de Nantes.

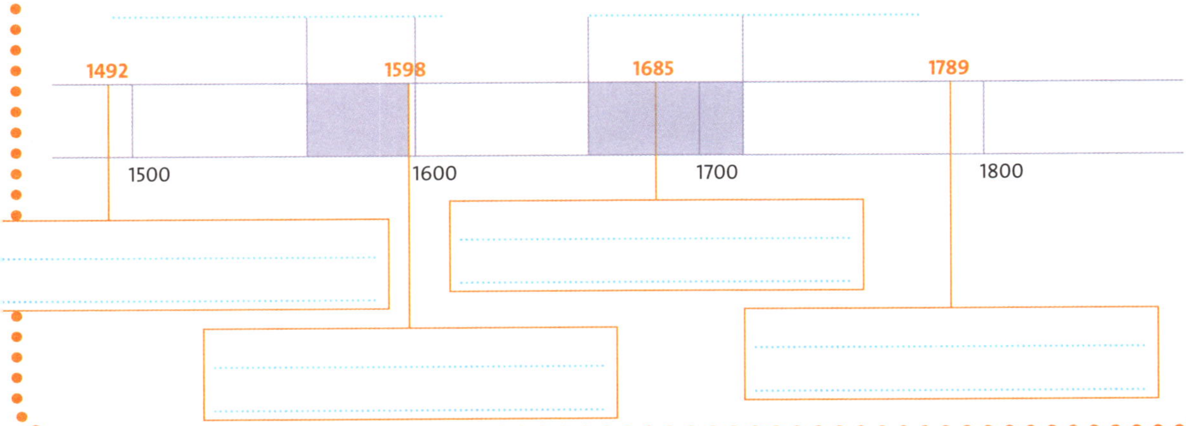

14 L'époque contemporaine

LE COIN DES PARENTS
Feuilletez avec votre enfant votre album de photos familial et montrez-lui l'évolution des modes de vie depuis 3 ou 4 générations. Notez les changements dans les transports, la maison, les jeux, les métiers...

Livret parents → Corrigés p. 22

Savoir

Je démarre !

Coche les inventions du XIXe siècle

- La pile
- L'ordinateur
- Le cinéma
- La photographie
- La locomotive

De nombreux progrès techniques

- L'**industrialisation** se développe avec la **machine à vapeur.** Grâce à cette invention, l'électricité et le chemin de fer se répandent partout en France.
- La vie quotidienne et l'**hygiène** s'améliorent, la **médecine** progresse et les **loisirs** se développent (cinéma, photographie, puis télévision et Internet).

Deux guerres mondiales

Entre 1914 et 1918, la **Première Guerre mondiale** oppose la France, le Royaume-Uni et la Russie à l'Allemagne. La **Seconde Guerre mondiale** confronte la France et le Royaume-Uni à l'Allemagne d'Hitler entre 1939 et 1945.

La Ve République et la construction de l'Europe

- En 1958, le général de Gaulle devient le premier président de la Ve République.
- La construction de l'Europe commence en 1957 avec le Traité de Rome.

Savoir faire

Décrire un tableau : interpréter les éléments décrits

Le charbon est la source d'énergie pour faire fonctionner les usines et fabriquer la fonte (pour fabriquer des ponts). Tous les transports se développent (ici le transport fluvial). La main-d'œuvre humaine est encore très importante.

Claude Monet, *Les déchargeurs de charbon* (1875)

1 ★ Complète le tableau avec les informations suivantes :

1914-1918 : Première Guerre mondiale – 1958 : Vᵉ République – 1881 : vaccin contre la rage – 1830 : circulation du premier train – 1989 : naissance d'Internet – 1859 : invention du moteur à explosion.

XIXᵉ siècle	XXᵉ siècle

2 ★★ Réponds aux questions.

a. Quelle invention importante a permis l'industrialisation ?

b. Quel nouveau moyen de transport apparaît au XIXᵉ siècle ?

c. Cite deux inventions autour de l'image qui sont découvertes au XIXᵉ siècle.

d. Quel pays est l'adversaire de la France lors des deux guerres mondiales ?

e. Qui est le premier président de la Vᵉ République ?

Bilan

3 ★★★ Réponds par vrai ou faux.

a. L'industrialisation débute au XXᵉ siècle. ☐ Vrai ☐ Faux

b. La Première Guerre mondiale a duré quatre ans. ☐ Vrai ☐ Faux

c. La Seconde Guerre mondiale commence en 1939. ☐ Vrai ☐ Faux

d. Aujourd'hui nous vivons sous la VIᵉ République. ☐ Vrai ☐ Faux

e. L'Europe a été créée pour que nous vivions en paix. ☐ Vrai ☐ Faux

Je m'évalue ☐ ☐ ☐

15 La Marseillaise

LE COIN DES PARENTS
Afin de montrer la modernité de *La Marseillaise*, vous pouvez faire écouter à votre enfant différentes versions : la version jazz de Django Reinhard, l'orchestration classique d'Hector Berlioz, la version reggae de Serge Gainsbourg.

Livret parents → **Corrigés** p. 22

Savoir

Je démarre !

Coche le nom de l'hymne national français.
- *La Parisienne*
- *La Marseillette*
- *La Marseillaise*
- *La Marcillaise*
- *La Merveilleuse*

L'hymne national français

- L'hymne national français est *La Marseillaise*. Il fait partie des **symboles républicains** comme le drapeau tricolore et la devise française : Liberté, Égalité, Fraternité.
- C'est Claude Rouget de Lisle qui crée ce chant en 1792, lors de la guerre entre la France et l'Autriche. En 1795, *La Marseillaise* est adoptée comme **hymne national** français.

Rouget de Lisle chantant La Marseillaise.
Tableau de Isidore Pils (1849)

Le sens de La Marseillaise

- *La Marseillaise* est un chant guerrier. C'est pourquoi certaines de ses paroles sont cruelles et sanguinaires, mais elles portent aussi un message universel : celui de la liberté à conquérir.
- Aujourd'hui, *La Marseillaise* est chantée lors de célébrations officielles (défilé du 14 juillet, commémorations du 11 novembre et du 8 mai), et lors de manifestations sportives (matches de football, jeux olympiques). Elle représente la France.

Savoir faire

Connaître le premier couplet et le refrain de *La Marseillaise*

Couplet
Allons, enfants de la Patrie !
Le jour de gloire est arrivé
Contre nous de la tyrannie
L'étendard sanglant est levé *(bis)*
Entendez-vous dans les campagnes
Mugir ces féroces soldats
Ils viennent jusque dans vos bras
Égorger vos fils, vos compagnes

Refrain
Aux armes citoyens !
Formez vos bataillons !
Marchons, marchons !
Qu'un sang impur
abreuve nos sillons

1 ★ Coche les occasions où l'on chante *La Marseillaise*.

- ☐ Le défilé du 14 juillet.
- ☐ La remise de la médaille d'or à un champion olympique français.
- ☐ Avant un match de l'équipe de France de football.
- ☐ Halloween.
- ☐ La commémoration du 11 novembre.

2 ★★ Complète les paroles du premier couplet de *La Marseillaise*.

Allons enfants de la ....
Le jour de .... est arrivé !
Contre nous de la tyrannie
L'étendard sanglant est levé ! *(bis)*
Entendez-vous dans les ....
Mugir ces .... soldats ?
Ils viennent jusque dans vos bras
.... vos fils, vos ....

COURAGE tu y es presque

3 ★★ Relie chaque mot à sa définition. Tu peux t'aider du dictionnaire.

a. bataillon •	• tranchée creusée dans la terre
b. impur •	• groupe de soldats
c. sillons •	• pousser un cri
d. tyrannie •	• sali
e. étendard •	• drapeau
f. mugir •	• injustice, terreur

Bilan

4 ★★★ Complète le texte avec les informations du Savoir et du Savoir faire.

La Marseillaise a été composée par .... en 1792. *La Marseillaise* est un chant guerrier, mais elle porte aussi un message de .... Traditionnellement, on la chante lors de manifestations .... ou de cérémonies .... Notre hymne national fait partie des .... de la République.

Je m'évalue ☐ ☐ ☐

EMC

16 La langue française dans le monde

LE COIN DES PARENTS

Apprenez à votre enfant à reconnaître les mots français les plus utilisés à l'étranger, ceux de la mode et de la gastronomie : chic, prêt-à-porter ou couturier, apéritif, vinaigrette ou croissant.

Livret parents → **Corrigés** p. 22

Savoir

Je démarre !

À ton avis, quelle est la langue la plus parlée dans le monde ?

- L'anglais
- Le français
- Le chinois
- L'espagnol
- L'arabe

• 270 millions de personnes parlent français dans le monde.

C'est la cinquième langue la plus parlée après le chinois, l'anglais, l'espagnol, l'arabe et l'hindi.

• Le français est la langue officielle dans 57 pays.

Il est utilisé par le gouvernement et dans les documents administratifs. Il existe aussi des pays dans lesquels les habitants parlent très bien français, même si ce n'est pas leur langue officielle : l'Algérie et le Maroc par exemple.

• La francophonie

Elle désigne l'ensemble des pays et des régions où le français est la langue maternelle (apprise par les parents) ou la langue seconde (apprise à l'école) des personnes qui y habitent.

• La plupart des pays francophones sont regroupés dans l'Organisation internationale de la Francophonie.

Savoir faire

• Identifier les pays francophones sur une carte

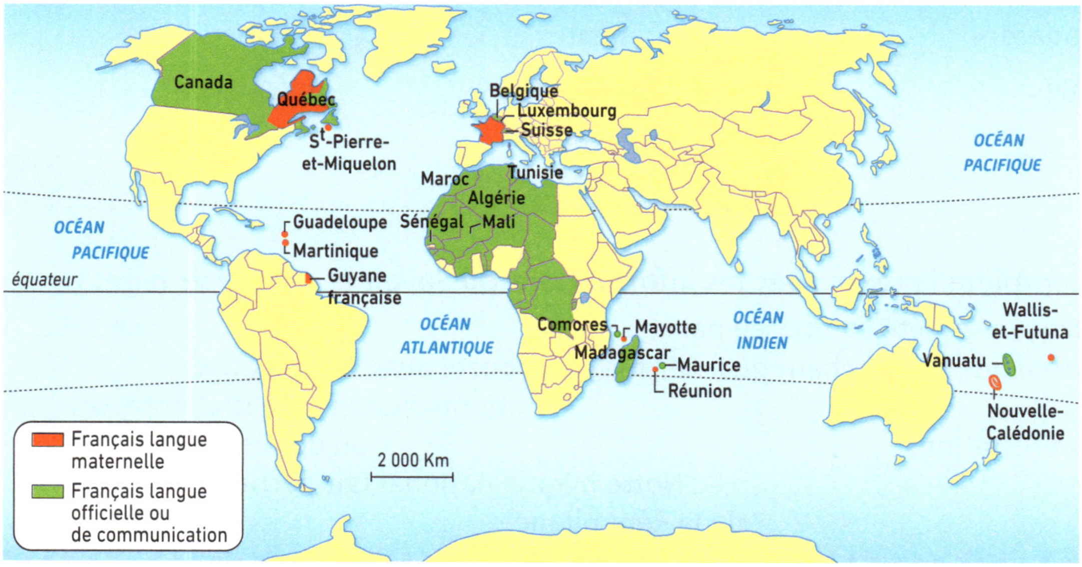

1 * Cite un pays où l'on parle français :

a. sur le continent africain : ....

b. sur le continent océanique : ....

c. sur le continent américain : ....

d. sur le continent européen (à part la France) : ....

2 ** Relie chaque terme à sa définition.

a. francophonie •	• langue apprise à l'école
b. langue maternelle •	• ensemble des personnes parlant français dans le monde
c. langue seconde •	• langue administrative, utilisée par l'État
d. langue officielle •	• langue parlée dans la famille

3 ** Barre l'information fausse.

a. Le français est la troisième – cinquième langue parlée dans le monde.

b. 270 millions – milliards de personnes parlent le français sur la planète.

c. Le français est – n'est pas la langue officielle du Maroc.

d. C'est l'école maternelle – la famille qui apprend la langue maternelle.

e. Le français est une des langues officielles dans 75 – 57 pays.

Bilan

4 *** En t'aidant de la carte du Savoir faire, réponds aux questions.

a. Cite un pays non français dont la langue maternelle est le français.

....

b. Quels sont les trois pays européens où l'on parle le français (hors France) ?

....

c. Sur quel continent, parle-t-on le plus le français ?

....

d. Cite deux îles sur lesquelles on parle français.

....

e. Sur quel continent parle-t-on le moins le français ?

....

EMC

17 La démocratie : premières connaissances

LE COIN DES PARENTS
Votre enfant expérimente la démocratie à l'école en élisant les délégués de classe et en apprenant à respecter ses camarades (origine, sexe, religion, croyances). Faites le lien entre cette expérience et les valeurs républicaines.

Livret parents → **Corrigés** p. 22

Savoir

Je démarre !

Barre les situations qui indiquent un manque de respect à l'école.

- Ne pas laisser les filles jouer au foot.
- Parler sans lever le doigt.
- Permettre à tous de se présenter aux élections des délégués.

La France est une démocratie.

La **démocratie** est un système politique dans lequel ceux qui gouvernent (le président, les députés, les maires) sont élus (choisis) par les citoyens français.

La Déclaration des droits de l'homme et du citoyen de 1789.

La démocratie française s'appuie sur un texte très important : la Déclaration des droits de l'homme et du citoyen.

Article 1 – Les hommes naissent et demeurent libres et égaux en droits.
Article 2 – Les droits de l'homme sont : la liberté, la propriété, la sécurité et la résistance à l'oppression.
Article 4 – La liberté consiste à faire tout ce qui ne nuit pas aux autres.
Article 6 – Tous les citoyens sont égaux devant la loi.
Article 7 – Personne ne peut être accusé, arrêté ou emprisonné, sauf dans les cas prévus par la loi.
Article 10 – Personne ne peut être inquiété pour ses opinions, même religieuses.
Article 11 – La liberté de communiquer est l'un des droits les plus précieux de l'homme. Tout citoyen peut donc parler et écrire librement.
Article 13 – L'impôt doit être réparti entre tous les citoyens en fonction de leur richesse.

Savoir faire

Le droit de vote

- Pour choisir leurs représentants, les Français votent.
- Pour posséder le droit de vote, il faut être inscrit sur les listes électorales, de nationalité française, majeur (avoir plus de 18 ans) et ne pas avoir été condamné pour une faute grave.

Le suffrage universel

Les votes se font au suffrage universel, c'est-à-dire que tous les citoyens français, hommes et femmes, peuvent voter.

1 ★ Relie chaque mot à sa définition.

a. La démocratie •	• C'est ne pas être soumis à la volonté d'autres personnes.
b. La liberté •	• C'est une forme de gouvernement.
c. L'égalité •	• C'est le vote de tous les citoyens.
d. Le suffrage universel •	• C'est être âgé de plus de 18 ans.
e. Être majeur •	• C'est avoir les mêmes droits.

2 ★★ Écris le numéro de l'article de la Déclaration des droits de l'homme qui correspond à l'exemple.

☐ ...... Tout citoyen peut posséder une maison.

☐ ...... Chaque citoyen est libre de choisir sa religion.

☐ ...... Tout citoyen peut dire et écrire ce qu'il pense.

☐ ...... Un citoyen ne peut être condamné par un autre citoyen.

☐ ...... Chaque citoyen paie des impôts en fonction de sa richesse.

3 ★★ Complète le texte. Pour voter, il faut :

Tu apprends rapidement

a. Être majeur (avoir au moins .... ans).

b. Être de nationalité ....

c. Être inscrit sur ....

d. Ne pas avoir été ....

Bilan

4 ★★★ Réponds par vrai ou faux.

a. Les citoyens de religion différente n'ont pas les mêmes droits. ☐ Vrai ☐ Faux

b. Seuls les hommes peuvent voter en France. ☐ Vrai ☐ Faux

c. On peut voter à partir de 18 ans. ☐ Vrai ☐ Faux

d. Les personnes qui gouvernent sont élues au suffrage universel. ☐ Vrai ☐ Faux

e. La Déclaration des droits de l'homme et du citoyen a été rédigée après la Révolution française. ☐ Vrai ☐ Faux

EMC

18 L'organisation de la République

LE COIN DES PARENTS

Pensez à emmener votre enfant en mairie lorsque vous devez accomplir des démarches administratives ou surfez avec lui sur le site de votre commune (quand vous faites les inscriptions scolaires par exemple).

Livret parents → **Corrigés** p. 22

Savoir

Je démarre !

Coche les métiers politiques qui existent en France.

- Ministre
- Empereur
- Président de la République
- Maire
- Conseiller municipal

Le président de la République

C'est le chef de l'État et des armées. Il est élu pour cinq ans au suffrage universel. Son rôle est de décider de la politique du pays et de représenter la France à l'étranger. Il réside au Palais de l'Élysée.

Le Premier ministre

C'est le chef du gouvernement, c'est-à-dire de l'ensemble des ministres. Il travaille à l'Hôtel Matignon.

Le gouvernement

C'est l'ensemble des ministres. Chaque ministre s'occupe d'un domaine : l'éducation, la santé, la justice, l'écologie, etc.

Savoir faire

Connaître l'organisation républicaine locale : le maire et le conseil municipal

Le maire

Le maire représente l'État dans sa commune. Il est élu tous les 6 ans et possède plusieurs fonctions :

– il est officier de l'état civil : il enregistre les naissances, les décès et célèbre les mariages ;

– il est officier de police : il est chargé de faire respecter l'ordre dans sa commune avec l'aide de la police et de la gendarmerie ;

– il gère sa commune : les dépenses, les permis de construire, les travaux, etc.

Le conseil municipal

Le conseil municipal est composé de conseillers municipaux hommes et femmes. Il prend toutes les décisions nécessaires à la vie de la commune : construire de nouveaux bâtiments, entretenir les routes, organiser des fêtes, établir les règles de circulation, etc.

1 ★ Relie chaque personnage à son lieu de travail.

a. Le Premier ministre •   • la mairie
b. Le maire •   • le palais de l'Élysée
c. Le président de la République •   • l'hôtel Matignon

2 ★★ Classe les fonctions suivantes dans le tableau :

représente la France – enregistre les naissances – assure la sécurité de sa commune – décide de la politique générale du pays – est le chef des armées – délivre les permis de construire.

le maire	le président de la République
....	....
....	....
....	....

3 ★★ Complète le texte avec les mots suivants :

conseillers municipaux – président de la République – la commune – le gouvernement – Premier ministre – maire.

Les ministres composent le .... et sont nommés par le .... Le .... est le chef du gouvernement.

Les .... forment le conseil municipal. Ils prennent des décisions pour .... Ils se réunissent autour du ....

Bilan

4 ★★★ Réponds aux questions.

a. Qui est notre président de la République ? ....
b. Comment s'appellent les personnes qui composent le gouvernement ?
....
c. Qui prononce les mariages ? ....
d. Qui vote la construction d'une nouvelle école ? ....
e. Pour combien de temps le président de la République est-il élu ? ....

Je m'évalue

1 Liquides, solides et gaz

LE COIN DES PARENTS
Pour apprendre à différencier les trois états de la matière, demandez à votre enfant de classer les aliments de vos placards et veillez à ce qu'il identifie les poudres comme des solides.

Livret parents → **Corrigés** p. 23

Savoir

Je démarre !

Entoure les solides.

- **Les solides.** du bois, du riz, un oreiller
  - Ils peuvent être saisis avec les doigts.
  - Ils sont durs, mous ou déformables.
  - Ils ont leur propre forme.
- **Les liquides.** l'eau, les jus, le thé
  - Ils coulent et doivent être mis dans un contenant pour être conservés ou transportés.
  - Leur surface est toujours horizontale.
  - Ils prennent la forme du récipient dans lequel ils se trouvent.
- **Les gaz.** l'air, l'oxygène
  - Ils s'échappent et doivent être mis dans un contenant pour être conservés ou transportés.
  - Ils sont expansibles ou compressibles : une même quantité de gaz peut être mise dans un volume plus ou moins important.
  - Ils occupent tout l'espace du récipient dans lequel ils se trouvent.

Savoir faire

Mettre en œuvre une démarche expérimentale

- **Émets une hypothèse.** Le sable tient dans ma main, mais il coule entre mes doigts. Est-il solide ou liquide ?
- **Observe l'expérience.**

① ② ③

①Le solide ne prend pas la forme du verre.

②L'eau prend la forme du verre et sa surface est horizontale.

③Le sable prend la forme du verre, mais sa surface n'est pas horizontale.

- **Conclus.**

– Même si le sable prend la forme du verre, sa surface n'est pas horizontale.
– Le sable n'est donc pas un liquide mais un solide.
– Les matières en poudre ou en grains sont des solides. la farine, le sucre

1 ★

Entoure en rouge les solides, en bleu les liquides, en vert les gaz.

2 ★★

Classe les éléments suivants dans le tableau.

le lait – le sel – l'air – l'huile – une couverture – le butane – un tableau – un jus d'orange – l'oxygène.

solides	gaz	liquides
....	....	....
....	....	....
....	....	....

3 ★★

Relie chaque matière à ses caractéristiques.

prend la forme du contenant •	• une pierre •	• est compressible
garde une surface horizontale •	• le jus d'orange •	• est saisissable
est transportable sans récipient •	• l'oxygène •	• est invisible

Bilan

4 ★★★

Réponds par vrai ou faux.

a. L'eau est saisissable. ☐ Vrai ☐ Faux

b. Les solides ont une forme propre. ☐ Vrai ☐ Faux

c. Les gaz peuvent être transportés sans contenant. ☐ Vrai ☐ Faux

d. La farine est un liquide. ☐ Vrai ☐ Faux

e. Un même gaz peut occuper plus ou moins de volume. ☐ Vrai ☐ Faux

2 Les trois états de l'eau

LE COIN DES PARENTS
En regardant la météo, demandez à votre enfant de qualifier les différents états de l'eau : la pluie est liquide, la glace et la grêle sont solides, et l'eau est invisible à l'état gazeux.

Livret parents → **Corrigés** p. 23

Savoir

Je démarre !

Barre l'élément qui n'est pas de l'eau.

- **L'eau à l'état liquide.** la mer, l'eau du robinet, la pluie
- Sa température est comprise entre 0 °C et 100 °C.
- Elle ne change jamais de volume, c'est-à-dire qu'elle occupe toujours la même place.
- Elle conserve une surface horizontale au repos.

- **L'eau à l'état solide.** les glaçons, le verglas, la neige
- L'eau liquide se transforme en eau solide lorsque sa température est inférieure à 0 °C.
- Elle augmente alors de volume, c'est-à-dire qu'elle occupe plus de place que l'eau liquide.

- **L'eau à l'état gazeux (invisible).**

L'eau liquide se transforme en gaz lorsque sa température est supérieure à 100 °C.

Savoir faire

- **Comprendre les changements d'état de l'eau**

La température augmente

	fusion →		évaporation →	
eau solide		eau liquide		eau à l'état gazeux
	← solidification		← condensation	

La température diminue

- Choisis un point de départ : par exemple l'eau liquide.
- Suis le sens des flèches pour comprendre les différentes étapes du changement d'état de l'eau.
- Conclus : l'état de l'eau varie en fonction de la température.

1 ★ Légende le dessin avec les différents états de l'eau.

2 ★★ Cite trois exemples dans la nature ou la météo.

a. eau liquide : ....

b. eau solide : ....

3 ★★ Complète.

a. eau solide → eau liquide : ....

b. vapeur d'eau → .... : évaporation

c. eau liquide → .... : solidification

d. vapeur d'eau → eau liquide : ....

Bilan

4 ★★★ Complète les phrases.

a. La .... se produit lorsque l'eau liquide se transforme en eau solide.

b. L'eau à l'état gazeux refroidie se transforme en eau ....

c. La .... se produit lorsque l'eau solide se transforme en eau liquide.

d. L'eau liquide se transforme en gaz, c'est l' ....

e. L'eau à l'état gazeux se transforme en eau liquide, c'est ....

f. En dessous de 0 °C, l'eau .... se transforme en eau ....

Je m'évalue

3 L'air

LE COIN DES PARENTS
Il est difficile de comprendre ce qu'est l'air et quelles sont ses propriétés. Il est donc préférable de réellement faire les expériences proposées dans cette leçon.

Livret parents → **Corrigés** p. 23

Savoir

Je démarre !

Entoure les objets contenant de l'air.

- **L'air est composé de gaz qu'on ne sent pas (inodores) et qu'on ne voit pas (incolores) : de l'oxygène et de l'azote principalement.**
- L'air est **invisible** mais on peut l'observer quand il circule dans un liquide (eau gazeuse).
- L'air n'a pas de forme propre mais peut être conservé.
- Il peut être transporté d'un contenant à un autre.

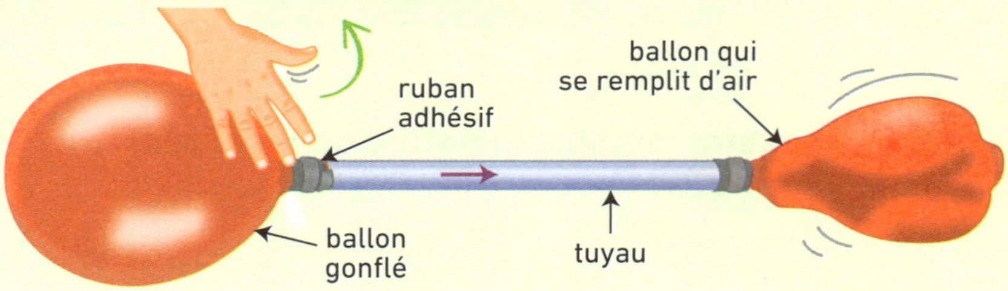

❶ Place un ballon dégonflé au bout d'un tuyau en le fixant avec de l'adhésif.

❷ Gonfle un second ballon et fixe-le avec de l'adhésif à l'autre bout du tuyau, en maintenant bien l'extrémité pour que l'air ne s'échappe pas.

❸ Lâche l'extrémité du ballon gonflé.

❹ L'air se déplace à travers le tuyau et le premier ballon se remplit de l'air du second ballon.

Savoir faire

- **Mettre en évidence la compressibilité de l'air**

❶ Prends une pompe à bicyclette. Ferme l'ouverture avec un doigt et pousse la poignée. À un moment donné, cela devient difficile : l'air enfermé dans la pompe oppose une résistance.

❷ Si tu pousses encore, cela devient plus difficile et l'espace occupé par l'air se réduit. On dit que l'air est comprimé.

❸ Relâche la poignée. Elle revient brutalement en arrière. L'air reprend l'espace qu'il occupait avant.

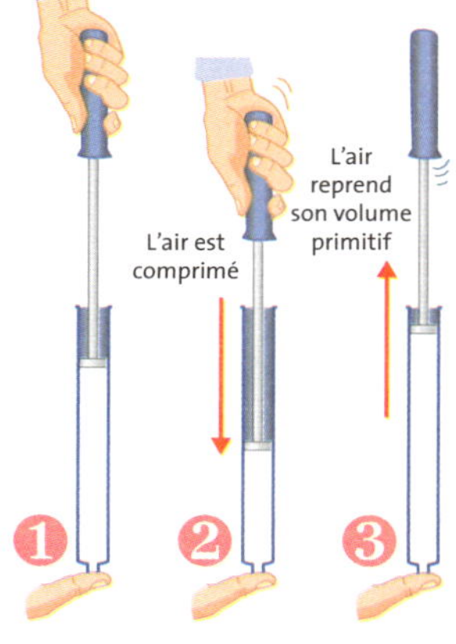

1 ✱✱ Observe l'expérience et complète les phrases avec les mots suivants :

bulles – B – l'air – l'espace.

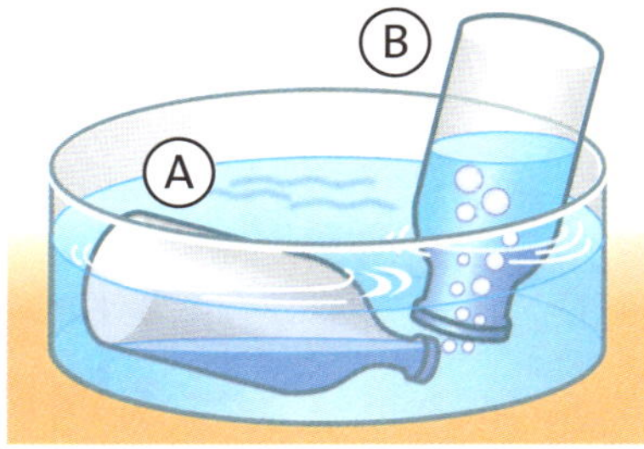

Une bouteille A vide et une bouteille B pleine d'eau sont placées dans un récipient rempli d'eau.

La bouteille A est inclinée pour libérer …………………… qu'elle contient dans la bouteille …………… .

Les …………………… qui passent de la bouteille A à la bouteille B sont de l'air.

L'air occupe …………………… qui est disponible.

2 ✱✱✱ Réalise l'expérience suivante.

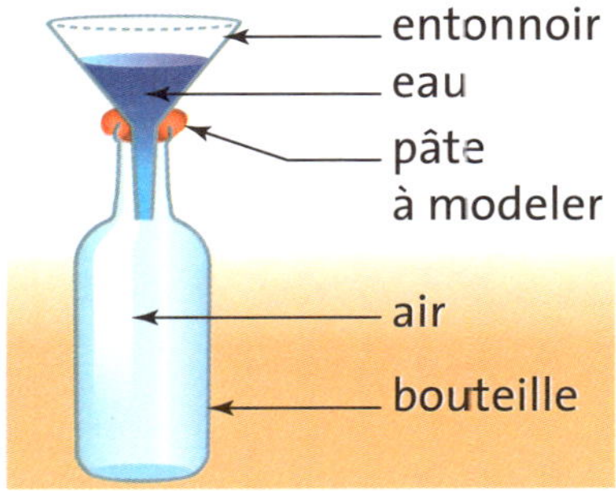

Place un entonnoir dans le goulot d'une bouteille.

Bouche l'ouverture en mettant de la pâte à modeler.

Verse de l'eau lentement dans l'entonnoir.

a. Que constates-tu ? ……………………………………

……………………………………

Soulève maintenant l'entonnoir et retire la pâte à modeler.

b. Que se passe-t-il ? ……………………………………

……………………………………

c. D'après toi, pourquoi l'eau ne coulait-elle pas au début de l'expérience ?

……………………………………

Bilan

3 ✱✱✱ Réponds aux questions

a. Quels sont les deux gaz principaux qui composent l'air ?

……………………………………

b. Cite trois propriétés de l'air :

……………………………………

c. Que signifient les adjectifs « inodore » et « incolore » ?

……………………………………

d. Quelle expérience peut-on utiliser pour « voir » l'air ?

……………………………………

e. Quelle est la propriété de l'air qu'on observe dans une pompe à vélo ?

……………………………………

Je m'évalue

4

SCIENCES

Animal, végétal ou minéral ?

LE COIN DES PARENTS

Les sorties en plein air, le jardinage et les soins aux animaux de compagnie sont pour votre enfant l'occasion de distinguer les trois grands règnes du monde.

Livret parents → **Corrigés** p. 23

On peut diviser le monde en 3 règnes.

- **Le règne animal**

– Il regroupe l'ensemble des animaux vivant sur terre, dans l'eau, sous terre et dans les airs.

– Il existe plus de 1,2 million d'espèces connues sur la Terre.

- **Le règne végétal**

Il regroupe les plantes, les arbres, les fleurs, les algues, les mousses, etc.

- **Le règne minéral**

– Il comprend les roches, les minéraux, la terre, l'eau, et tout ce qui n'est pas vivant.

– Il abrite les mondes animal et végétal.

Je démarre !

Barre ce qui n'est pas vivant.

Comprendre le cycle de vie d'un être vivant

- **Le cycle de vie des plantes**

❶ La graine germe, elle se transforme en jeune plante : c'est la **germination**.

❷ La plante se développe.

❸ La plante produit des fleurs : c'est la **floraison**.

❹ Les fleurs donnent naissance à des fruits.

❺ Les fruits tombent et libèrent leurs graines dans le sol.

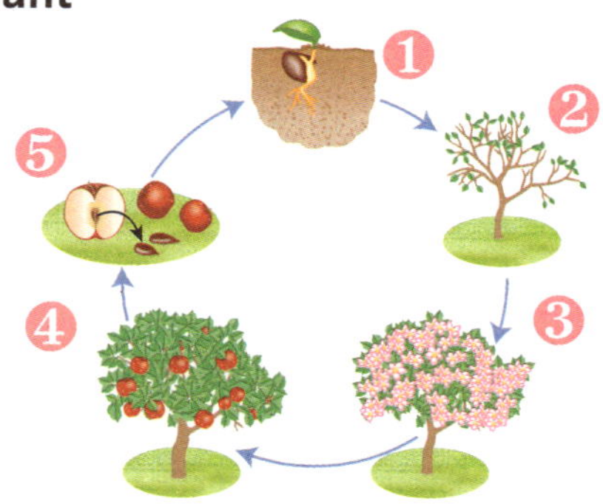

- **Le cycle de vie des animaux**

développement direct (lions, poules)	développement indirect (papillons, grenouilles)
• Les petits ressemblent à l'animal adulte dès la naissance. • Ils naissent vivants d'un œuf ou du ventre de leur mère, grandissent, se reproduisent et meurent.	• Les petits naissent sous forme de larves. • Ils se transforment jusqu'à devenir adultes (c'est la **métamorphose**), puis meurent.

1 ★★ Cite trois exemples pour chaque règne.

a. Règne végétal : ....

b. Règne minéral : ....

c. Règne animal : ....

2 ★★ Écris en face de chaque numéro les étapes de développement de la tortue :

croissance – rencontre mâle et femelle – ponte – éclosion des œufs.

3 ★★ Numérote dans l'ordre les étapes de la métamorphose de la grenouille.

1. Développement de l'œuf	2. Naissance de la larve (têtard)	3. Développement du têtard	4. Grenouille adulte

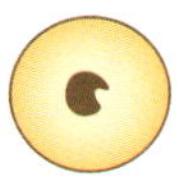

Bilan

4 ★★★ Réponds par vrai ou faux.

a. Le monde est divisé en trois règnes. ☐ Vrai ☐ Faux

b. Les trois règnes regroupent des êtres vivants. ☐ Vrai ☐ Faux

c. La grenouille et le papillon ont un développement indirect. ☐ Vrai ☐ Faux

d. La transformation de l'arbre s'appelle la métamorphose. ☐ Vrai ☐ Faux

e. L'homme fait partie du règne animal. ☐ Vrai ☐ Faux

Je m'évalue ☐ ☐ ☐

5 Les chaînes alimentaires

LE COIN DES PARENTS
En observant les animaux domestiques et le comportement humain, votre enfant comprend la notion de chaîne alimentaire.

Livret parents → **Corrigés** p. 23

Savoir

Je démarre !

Entoure les animaux carnivores.

Une chaîne alimentaire est un ensemble de relations alimentaires entre des organismes vivants (végétaux, animaux, etc.).

- Les **végétaux** (les arbres, les fleurs) sont les premiers maillons de la chaîne.
- Les **animaux** viennent ensuite. Leur place dans la chaîne dépend de leur régime alimentaire :
  – les **herbivores** (la chenille, la vache) mangent les végétaux ;
  – les **carnivores** (le renard, le lion) mangent d'autres animaux et sont des prédateurs, c'est-à-dire qu'ils chassent et tuent ce qu'ils mangent ;
  – les **omnivores** (le chimpanzé, le cochon) mangent toute sorte de nourriture ;
  – les **insectivores** (le moineau, l'araignée) mangent des insectes.
- Les **décomposeurs** (les champignons, les bactéries) sont les derniers maillons de la chaîne. Ils se nourrissent des débris végétaux et animaux et les transforment en humus (terre), ce qui permet à nouveau à la végétation de se développer.
- Si un être vivant disparaît, l'équilibre de la chaîne alimentaire est menacé. C'est pourquoi certaines espèces sont protégées.

Savoir faire

Comprendre le cycle de la chaîne alimentaire

J'observe.

– Le point de départ est toujours une plante : ici, la salade.

– Le sens et la couleur des flèches : la relation alimentaire.

——→ indique une transformation/ décomposition au sol

——→ signifie « est mangé par »

Je conclus.

– Le cycle de la chaîne alimentaire a toujours le même sens. On ne peut pas l'inverser : un hérisson ne peut pas être mangé par un escargot.

– Un cycle revient toujours au point de départ.

1 ★ Relie chaque animal à son régime alimentaire.

a.  •

b.  •

c.  •

d.  •

• omnivore •

• carnivore •

• herbivore •

• insectivore •

• e. 

• f. 

• g. 

• h. 

2 ★★ Complète les deux chaînes alimentaires avec les éléments suivants :

feuille – renard – criquet – couleuvre.

a. .... → chenille → poule → ....

b. maïs → .... → crapaud → ....

Bilan

3 ★★★ Complète les phrases.

a. Les .... sont le premier maillon de la chaîne alimentaire.

b. Les .... mangent des plantes et sont mangés par les ....

c. Les décomposeurs transforment les débris végétaux et des animaux en ....

d. Tous les êtres vivants sont nécessaires pour conserver l' .... d'une chaîne alimentaire.

6 Un écosystème : la mare

LE COIN DES PARENTS
L'observation d'une mare permet de réinvestir les notions apprises dans les deux leçons précédentes sur les mondes animal, végétal et minéral et sur les chaînes alimentaires. Elle introduit ainsi la notion d'écosystème.

Livret parents → Corrigés p. 23

Savoir

Je démarre !

Coche ce que l'on peut trouver dans une mare.

- du gravier
- du sable
- des têtards
- des nénuphars
- des roseaux

• Une mare est une étendue d'eau peu profonde. Son eau vient de la pluie et des rivières.

La mare est un **milieu naturel ou créé par l'homme**, où l'on trouve les trois règnes du monde :
– monde minéral ; cailloux, graviers, roches
– monde végétal ; algues, nénuphars, roseaux
– monde animal ; grenouilles, poissons, mulots, insectes, oiseaux

• La mare et les êtres vivants qui y vivent constituent un écosystème.

Savoir faire

• Comprendre un écosystème à travers l'exemple de la mare

• J'observe.

❶ La mare est un milieu qui abrite des minéraux, des végétaux et des animaux.

❷ Ces éléments agissent entre eux : l'eau permet aux plantes de se développer, certaines plantes et certains animaux servent de nourriture à d'autres animaux, certains animaux vivent, se reproduisent ou se nourrissent dans la mare, etc.

• Je conclus.

Un écosystème est l'ensemble des relations entre les éléments vivants et non vivants d'un milieu. Ces relations permettent le développement de la vie.

1 ★ Barre les propositions fausses.

Une mare est très peu profonde. – Une mare est toujours naturelle. – Les seuls animaux peuplant une mare sont les poissons et les amphibiens. – De nombreux végétaux poussent dans et sur les bords de la mare. – Une mare est un écosystème.

2 ★★ Relie les animaux et les végétaux vivant dans la mare à leur description.

a.  •

b.  •

c.  •

d.  •

e.  •

f.  •

- • Les alevins sont de très jeunes poissons.
- • Le dytique a six pattes, il peut voler.
- • Les massettes ressemblent aux roseaux.
- • Les iris sont des fleurs bleues, violettes jaunes ou blanches.
- • Le triton est de la même espèce que la grenouille.
- • Les lentilles d'eau sont des plantes aquatiques flottantes.

Bilan

3 ★★★ Complète la carte mentale de la mare.

Définition : ……………………………………

……………………………………

Alimentation en eau par :

……………………………………

la mare

Exemples de végétaux :

……………………………………

Exemples d'animaux:

……………………………………

Français
Maths
Espace – Temps EMC
Sciences
Anglais
mon cahier spécial Dictées

7 Le traitement de texte

LE COIN DES PARENTS

Dans cette leçon, votre enfant apprend comment créer des documents de texte et rédiger sur ordinateur. Vous pouvez également lui montrer des logiciels de traitement de dessins, d'images et de sons.

Livret parents → **Corrigés** p. 23

Savoir

Je démarre !

Coche ce que tu peux faire avec un ordinateur.

- ☐ téléphoner
- ☐ écrire des textes
- ☐ jouer
- ☐ dessiner
- ☐ aller sur Internet

● **Un logiciel de traitement de texte permet d'écrire un texte sur ordinateur et de le mettre en forme : choisir la police d'écriture, changer la taille ou la couleur des lettres, placer son texte à un endroit précis sur la page, etc.**

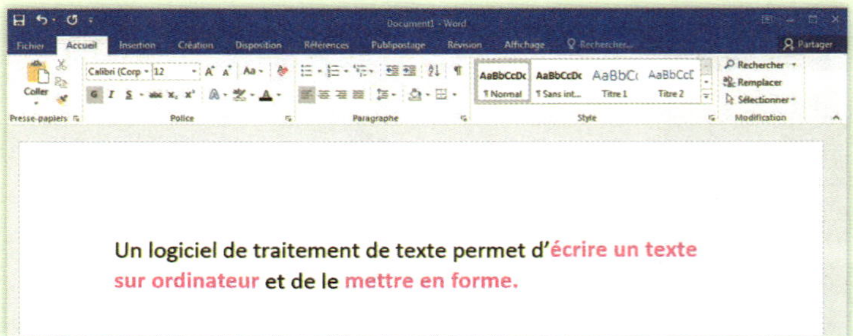

Savoir faire

● **Se repérer sur le clavier de l'ordinateur**

Les différentes touches permettent d'écrire du texte (lettres de l'alphabet en vert), de le ponctuer et de le mettre en forme.

1 ★★ Colorie les touches demandées.

a. En jaune : la touche pour mettre les lettres en majuscule.
b. En bleu : la touche pour aller à la ligne.
c. En vert : les touches pour écrire du texte.
d. En rouge : la touche pour créer un espace entre deux mots.
e. En orange : la touche pour effacer ce qui se trouve avant le curseur

2 ★★★ Relie chaque icône à sa fonction.

a. **G** •
b. Times •
c. ≡ •
d. A •
e. 11 •

• permet de changer la couleur de l'écriture.
• permet de choisir la police d'écriture.
• met le texte en gras.
• permet de choisir la taille des lettres.
• positionne le texte au milieu de la page.

Bilan

3 ★★★ Réponds à ces questions en inscrivant le numéro qui convient.

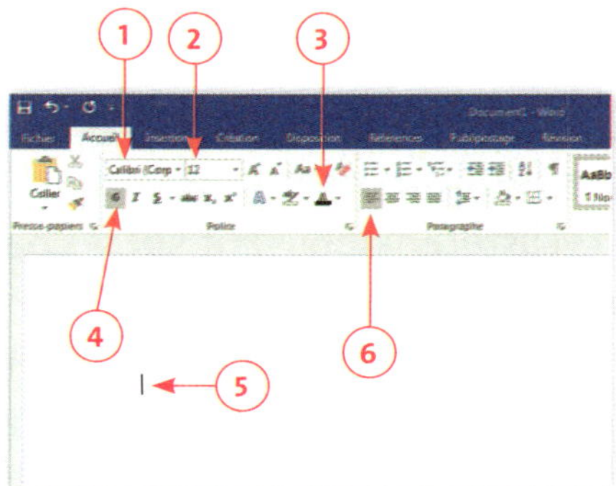

a. Où vas-tu écrire ton texte ? ....
b. Où vas-tu cliquer pour :
– écrire en gras ? ....
– modifier la police d'écriture ? ....
– changer la taille des lettres ? ....
– changer la couleur des lettres ? ....
– modifier l'alignement du texte ? ....

Je m'évalue

SCIENCES

8 Un objet technique : la bicyclette

LE COIN DES PARENTS
Faites de la science en action ! Demandez à votre enfant d'utiliser son propre vélo pour visualiser les notions à apprendre.

Livret parents → Corrigés p. 23

Savoir

Je démarre !

Coche les différents types de bicyclette.
- Vélo
- VTT
- Monocycle
- Tandem

- **La bicyclette est un objet technique dont la fonction principale est de permettre de se déplacer.**

Elle est composée de différents éléments afin que le cycliste puisse :
– se propulser et avancer ; pédale, chaîne, pignon, roue arrière
– se diriger ; guidon, fourche et roue avant
– freiner. freins , câble

Savoir faire

- **Comprendre le fonctionnement d'un engrenage**

L'engrenage est un système de transmission du mouvement composé de roues dentées, qui s'emboîtent les unes dans les autres. Quand les roues sont en mouvement, elles tournent de façon inverse.

Remarque La plus petite roue dentée utilisée dans un système d"engrenage est appelée « pignon ».

- **Comprendre comment l'engrenage fait avancer une bicyclette**

❶ Le cycliste, en appuyant sur les **pédales**, exerce une force sur le pédalier.

❷ Le **pédalier** se met en mouvement.

❸ Le mouvement est transmis à la roue arrière par la **chaîne** qui relie la roue du pédalier au pignon de la roue arrière.

❹ Le **pignon** entraîne la **roue**.

1 ★ Relie chaque élément à sa fonction.

a. pédale ●	● freiner ●	● e. fourche
b. guidon ●	● se propulser ●	● f. pignon
c. frein ●	● se diriger ●	● g. roue avant
d. chaîne ●		● h. roue arrière

2 ★ Relie chaque objet technique à sa description.

a. pignon ●	● ensemble de deux pédales fixées sur un axe
b. chaîne ●	● plus petite roue dentée
c. pédalier ●	● disque tournant sur un axe
d. roue ●	● assemblage de maillons métalliques

3 ★★ Entoure les objets qui fonctionnent avec un engrenage.

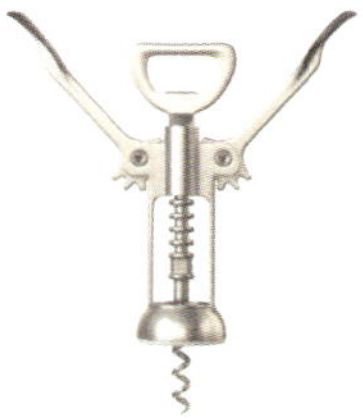

Bilan

4 ★★★ Complète le schéma avec les mots suivants :

le pédalier – le cycliste – le vélo – le pignon – la chaîne – la roue arrière – les pédales.

.... → appuie sur → .... → qui mettent en rotation → ....

↓ qui entraîne

.... ← qui entraîne ← .... ← qui fait tourner ← ....

↓ qui fait avancer

....

Je m'évalue ☐ ☐ ☐

9 La dentition

LE COIN DES PARENTS
Montrez à votre enfant la page intitulée « Les premières dents » dans son carnet de santé pour lui expliquer les premières règles d'hygiène et de soins bucco-dentaires. Vous dédramatiserez ainsi les visites chez le dentiste.

Livret parents → **Corrigés** p. 24

Savoir

Je démarre !

Barre les dents qui n'existent pas chez l'homme.

les incisives • les canines • les défenses • les molaires • les prémolaires

• Les dents sont en ivoire et recouvertes d'émail.

Elles sont composées de deux parties : la **racine** et la **couronne**.

• Notre mâchoire comporte quatre types de dents avec des fonctions distinctes :

– Les **incisives** servent à couper les aliments.
– Les **canines** déchirent les aliments.
– Les **prémolaires** commencent à broyer les aliments.
– Les **molaires** finissent de broyer et de mastiquer les aliments.

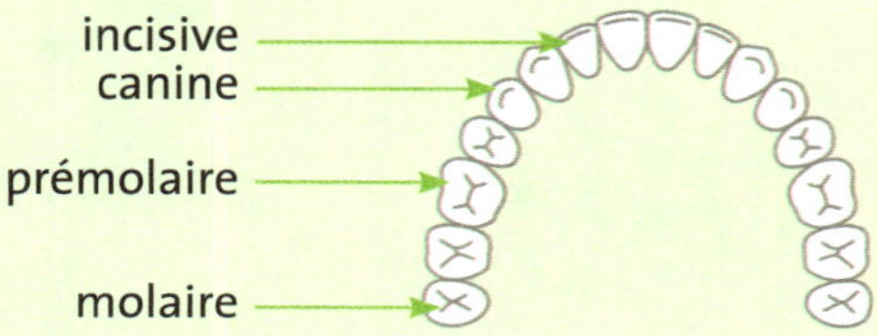

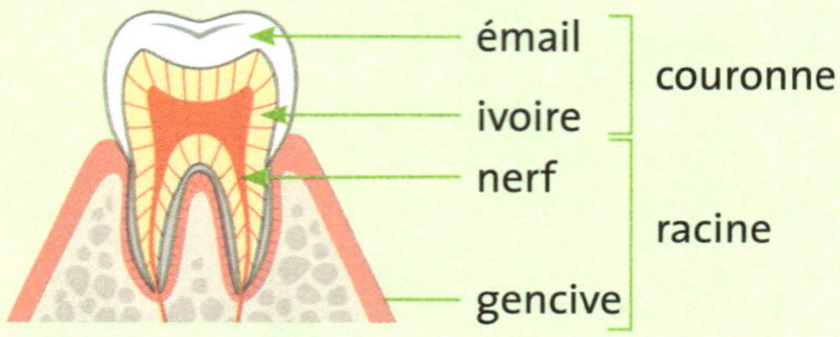

• Le nombre de dents évolue en fonction de l'âge.

- Les premières dents apparaissent chez le bébé vers 6 mois.
- Entre 6 et 11 ans, les enfants ont 20 dents de lait.
- Les dents de lait sont remplacées par les dents définitives et 8 dents définitives supplémentaires poussent.
- Les 4 dents de sagesse sortent (ou pas !) à l'âge adulte.
- La dentition d'un adulte varie entre 32 et 28 dents s'il n'a pas ou plus ses dents de sagesse.

Savoir faire

• Entretenir une bonne hygiène dentaire

Les dents sont des organismes vivants très fragiles qu'il faut entretenir soigneusement. Il est nécessaire de :

❶ se brosser les dents tous les jours avec le bon geste ;
❷ éviter certains aliments qui provoquent des caries : bonbons, boissons sucrées, etc. ;
❸ aller régulièrement chez le dentiste.

1 * Relie chaque dent à sa fonction.

a. Les prémolaires •	• broient et mastiquent les aliments
b. Les incisives •	• déchirent les aliments
c. Les canines •	• coupent les aliments
d. Les molaires •	• commencent à broyer les aliments

2 *** Observe les deux schémas et complète le tableau.

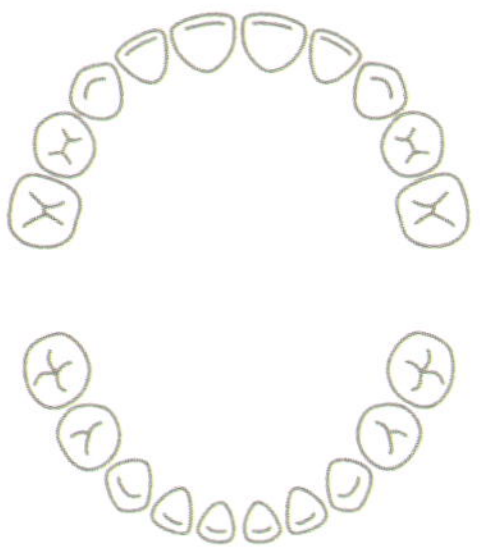

▲ dentition de l'enfant de 6 ans

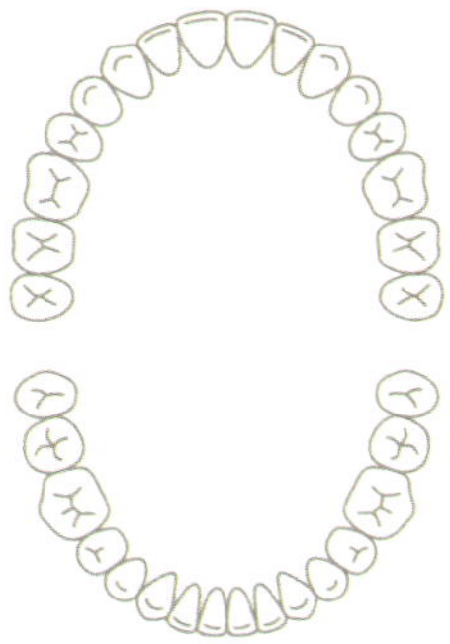

◄ dentition de l'adulte

Quelles sont les dents dont le nombre augmente à l'âge adulte ? ....

....

nombre :	dentition de l'enfant de 6 ans	dentition de l'adulte
– d'incisives		
– de canines		
– de prémolaires et de molaires		

Bilan

3 *** Complète les phrases.

a. Les dents sont composées de deux parties : la .... et la ....

b. Les .... servent à déchirer les aliments, les molaires à les ....

c. Les dents de .... tombent entre 6 et 11 ans et sont remplacées par les dents ....

d. Un enfant de 5 ans a .... dents , un adulte en a ....

e. Pour avoir une bonne hygiène dentaire, je dois me .... les dents tous les .... éviter de manger des .... et aller chez .... régulièrement.

f. Un adulte peut avoir ou ne pas avoir de dents de ....

10 Les aliments

LE COIN DES PARENTS
Vous pouvez vous servir des messages de santé publique sur les publicités pour accompagner l'éducation alimentaire de votre enfant : « Pour votre santé, évitez de manger trop gras, trop sucré, trop salé », etc.

Livret parents → **Corrigés** p. 24

Je démarre !

Barre les aliments qu'il ne faut pas consommer tous les jours.

Les aliments et l'eau nous apportent chaque jour les éléments nutritifs dont nous avons besoin pour grandir, bouger, réfléchir :

- Les **glucides** fournissent de l'énergie pour marcher, réfléchir, courir, penser, etc. On les trouve sous forme de sucre dans les fruits, les légumes, les céréales et les gâteaux.
- Les **lipides** sont nécessaires pour grandir. On les trouve sous forme de graisse dans les viandes, les poissons, les œufs et les matières grasses (huiles, beurres, crèmes, etc.).
- Les **protides** servent à fabriquer et renouveler nos cellules. On les trouve dans les viandes, les poissons, les produits laitiers et les céréales.
- Les **sels minéraux** et les **vitamines** servent au bon fonctionnement de nos organes. Ils sont contenus dans les fruits, les légumes et les produits laitiers.

Respecter l'équilibre alimentaire

- Les aliments sont répartis en sept groupes selon ce qu'ils apportent à l'organisme.

groupe 1	groupe 2	groupe 3	groupe 4	groupe 5	groupe 6	groupe 7
viandes poissons oeufs	lait produits laitiers (yaourts, fromages)	pain pâtes riz pommes de terre	produits sucrés (bonbons, gâteaux, confiture) jus de fruits	matières grasses huile beurre margarine	légumes et fruits frais cuits ou crus	eau

- **Comprends.** Chaque couleur correspond à la fréquence à laquelle chaque aliment doit être consommé.

– Les aliments en vert sont à consommer à chaque repas.
– Les aliments en orange sont à consommer à chaque repas, mais avec modération.
– Les aliments en bleu sont à consommer une fois par jour.
– Les aliments du groupe rouge sont à consommer de temps en temps.

1 ★ Classe les aliments suivants dans le tableau :

poulet grillé – crème au chocolat – beurre – yaourt – brocolis – coquillettes – fromage blanc – camembert – glace – huile d'olive – crème fraîche – orange – riz – pain – haricots verts – cabillaud – steak – madeleines.

fruit et légumes	
viandes, poissons et œufs	
produits laitiers	
pain, pâtes, céréales, légumes secs	
matières grasses	
produits sucrés	

2 ★★ Entoure les menus équilibrés.

- Concombre à la crème
- Poisson
- Frites
- Gruyère
- Pomme

- Pizza
- Salade verte
- Crème vanille
- Jus d'orange
- Glace

- Salade de tomates
- Saucisse
- Lentilles
- Yaourt
- Tarte aux pommes

- Salade de pommes de terre
- Poulet rôti
- Haricots verts
- Fromage blanc
- Orange

3 ★★★ Compose deux menus équilibrés en utilisant des aliments de l'exercice 2.

a. **Menu 1 :** ....

b. **Menu 2 :** ....

Bilan

4 ★★★ Réponds par vrai ou faux.

a. Les glucides sont des sucres. ☐ Vrai ☐ Faux

b. Les vitamines se trouvent dans les fruits et légumes. ☐ Vrai ☐ Faux

c. Il existe six groupes d'aliments. ☐ Vrai ☐ Faux

d. Tu peux boire du soda à chaque repas. ☐ Vrai ☐ Faux

e. Dans un menu équilibré, il faut toujours un produit laitier. ☐ Vrai ☐ Faux

Je m'évalue ☐ ☐ ☐

11 L'électricité

LE COIN DES PARENTS
Accompagnez votre enfant dans la connaissance de l'électricité en lui rappelant systématiquement ses dangers et les règles de prudence à respecter.

Livret parents → **Corrigés** p. 24

Savoir

Je démarre !

Légende le schéma de l'ampoule avec les bons numéros : 1. filament – 2. plot – 3. culot – 4. fil conducteur – 5. verre.

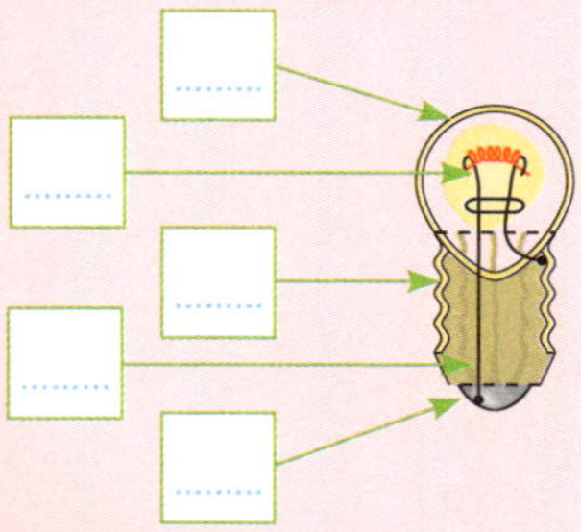

- **Le courant électrique permet de produire de la lumière, de la chaleur, du mouvement et du son.**

- **On peut produire de la lumière avec un circuit électrique simple sans fil ou avec fil.**

Sans fil — Avec des fils

Le courant circule de la borne + vers la borne – : on dit que le circuit est fermé.

- **On peut aussi produire de la lumière avec un circuit comportant un interrupteur.**

L'interrupteur sert à ouvrir ou fermer le circuit électrique pour éteindre ou allumer l'ampoule.

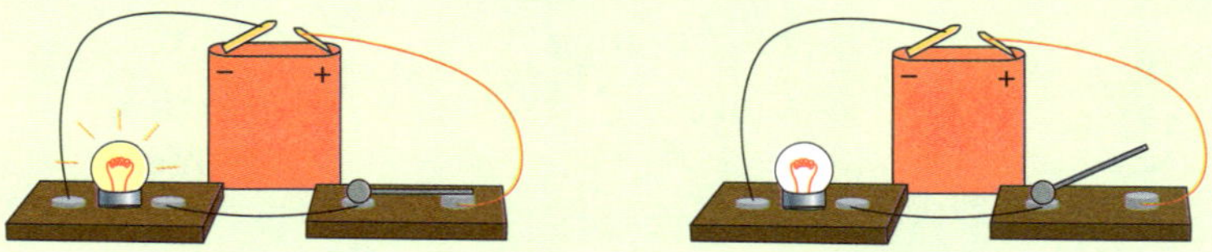

Interrupteur fermé : l'ampoule s'allume. — Interrupteur ouvert : l'ampoule ne s'allume pas.

Savoir faire

Reconnaître les matériaux isolants ou conducteurs

- Les **matériaux conducteurs** laissent passer l'électricité : métaux, eau.
- Les **matériaux isolants** ne laissent pas passer l'électricité : verre, bois, plastique.

Connaître les règles de sécurité

- Pour raison de sécurité, les fils qui alimentent les appareils électriques de la maison sont toujours entourés d'une gaine en plastique.
- Il ne faut pas mettre ses doigts dans les prises de courant.
- L'eau est un matériau conducteur. C'est pour cela qu'il est interdit de toucher un appareil électrique avec les mains mouillées.

1 * Colorie en jaune les ampoules qui s'allument.

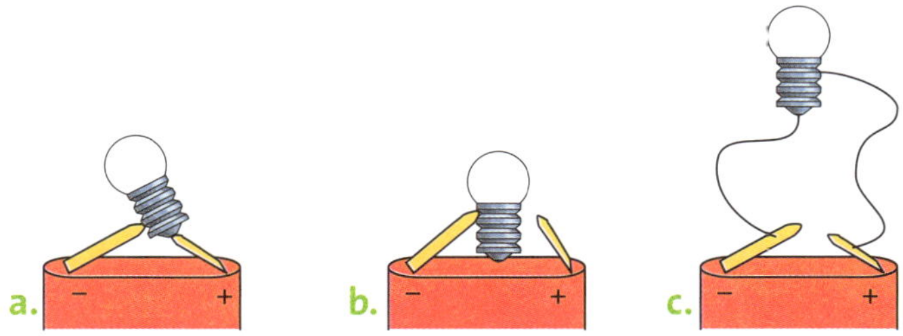

2 ** Classe les matériaux suivants dans le tableau :

tissu – laine – bois – aluminium – papier – fer – argent – cuillère en métal.

matériaux isolants	matériaux conducteurs
....	....
....	....

3 ** Dessine un circuit électrique avec une pile, un interrupteur et une ampoule. L'ampoule ne doit pas s'allumer.

4 *** Coche les situations dangereuses.

- ☐ Utiliser un sèche-cheveux quand on est dans son bain.
- ☐ Changer une ampoule sans avoir coupé le courant.
- ☐ Introduire un objet métallique dans une prise de courant.

Continue c'est par LÀ !

Bilan

5 *** Réponds aux questions.

a. Quel objet est une source de courant électrique ? ....

b. Que peut-on produire avec l'électricité ? ....

c. Comment nomme-t-on un circuit dans lequel le courant circule ? ....

d. À quoi sert un interrupteur ? ....

e. Comment s'appelle un matériau qui ne permet pas de laisser passer l'électricité ?
....

f. Cite trois matériaux conducteurs : ....
....

Je m'évalue ☐ ☐ ☐

ANGLAIS

1 La famille

LE COIN DES PARENTS
Votre enfant pourra aussi rencontrer les formes : grandma (mamie), grandpa (papi), mum ou mummy (maman) et dad ou daddy (papa).

Livret parents → **Corrigés** p. 24

Savoir

Je démarre !

Complète les mots avec les lettres manquantes.

F ..... T .... R

A .... T

U ..... C ..... E

- **Voici le nom des différents membres de la famille :**

my aunt *(ma tante)*

my father *(mon père)*

my mother *(ma mère)*

my grandfather *(mon grand-père)*

my uncle *(mon oncle)*

my cousin *(mon cousin)*

me *(moi)*

my brother *(mon frère)*

my grandmother *(ma grand-mère)*

Savoir faire

- **Présenter quelqu'un ou quelque chose**

Pour présenter les membres de ta famille, commence ta phrase par :
This is my...

This is my family. *(Voici ma famille.)*

This is my sister. *(Voici ma sœur.)*

This is my brother. *(Voici mon frère.)*

1 Complète les phrases en t'aidant des dessins.

Hello, my name is Peter.

a. This is my .... and my ....

Hello, my name is Mia.

b. This is my .... and my ....

2 Complète les bulles.

I've got one ....

I've got two ....s.

I've got one .... and one ....

Bilan

3 Complète l'arbre généalogique de Sam : Hello! I'm Sam. Emily is my mother. Jack is my father. Amelia is my sister and Harry is my brother. Jacob is my grandfather and Margaret is my grandmother. They are my father's parents. Megan is my aunt, my father's sister, and Connor is my uncle. Joe is my cousin.

Sam

2 Les repas et les aliments

LE COIN DES PARENTS

Vous pouvez signaler à votre enfant qu'il existe des faux amis parmi les mots anglais. Le terme anglais **chips** signifie frites. Quant aux chips, on les appelle **crisps** au Royaume-Uni !

Livret parents → **Corrigés** p. 24

Savoir

Je démarre !

Entoure les boissons.

JAM	BUTTER
MILK	SAUSAGE
ORANGE	TOMATO
BACON	COFFEE

- **Voici quelques mots à connaître sur les repas :**

breakfast *(le petit-déjeuner)*

lunch *(le déjeuner)*

dinner *(le dîner)*

Savoir faire

- **Dire si l'on a faim ou soif**

Tu peux utiliser : **I'm hungry** *(J'ai faim)* ou **I'm thirsty** *(J'ai soif)*.

- **Exprimer ses goûts**

Pour dire si tu aimes un aliment, utilise :

I like *(J'aime...)* ou **I don't like** *(Je n'aime pas...)*.

I don't like fish. *(Je n'aime pas le poisson.)*

Tu vas réussir !

1 * Écris le nom du repas correspondant à chaque heure.

19:00	08:00	13:00
a.	b.	c. ....

2 * Relie chaque phrase à la bonne assiette.

a. I like fish and chips. • b. I like hamburgers. • c. I like bacon and eggs. •

d. 

e. 

f. 

3 ** Colorie tous les fruits et légumes en vert.

banana	honey	toast	butter	orange	salad

Bilan

4 ** Relie les étiquettes à la bulle correspondante.

cereals •	• I'm thirsty. •	• pancakes
sausages •		• eggs
milk •	• I'm hungry. •	• orange juice

ANGLAIS

3 La maison

LE COIN DES PARENTS
Pour aider votre enfant dans ce chapitre, vous pouvez revoir avec lui les noms de quelques animaux déjà vus les années précédentes : dog (chien), cat (chat), rabbit (lapin)...

Livret parents → **Corrigés** p. 24

Savoir

Je démarre !

Remets les lettres dans l'ordre afin de retrouver le nom de trois pièces de la maison.

C H I T K E N

....

R O M O D E B

....

T I L O T E S

....

- **Découvre le vocabulaire de la maison :**

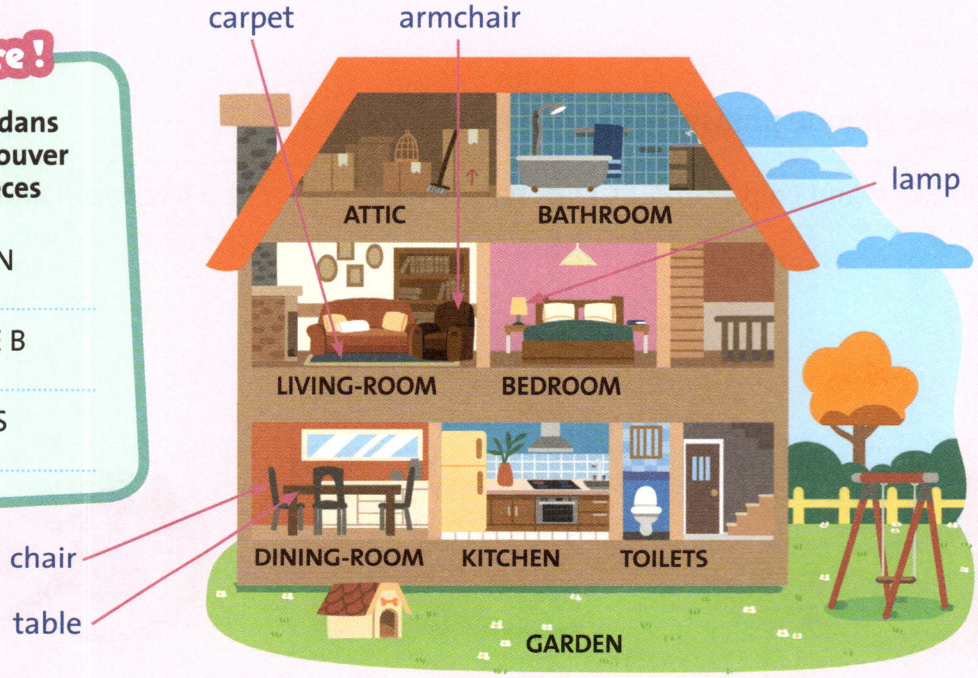

Savoir faire

- **Demander où se trouve quelqu'un ou quelque chose**

- Pour **poser la question**, commence ta phrase par :

Where is ...? *(Où est... ?)*

Where is the dog? *(Où est le chien ?)*
Where is the cat? *(Où est le chat ?)*

- Pour **répondre**, tu utilises les prépositions de lieu :

in *(dans)*, on *(sur)*, under *(sous)*, behind *(derrière)*, in front of *(devant)*

The dog is on the carpet. *(Le chien est sur le tapis.)*

The cat is under the table. *(Le chat est sous la table.)*

1 ★ Complète les phrases.

a. This is the ....

b. This is the ....

2 ★ Regarde les dessins et réponds aux questions.

a. Where is Jack?
Jack is in the ....

b. Where is Ava?
Ava is in the ....

c. Where is the rabbit?
The rabbit is in the ....

d. Where is the dog?
The dog is in the ....

3 ★★ Écris trois phrases différentes pour décrire cette image.

a. The .... is .... the table.

b. The .... is .... the table.

c. The .... is .... the table.

Bilan

4 ★★ Complète les phrases.

a. The cat is .... the chair.

b. The cat is .... the bed.

c. The cat is .... the armchair.

a.

b.

c.

4 Les saisons et la météo

LE COIN DES PARENTS
Vous pouvez faire remarquer à votre enfant que pour former les adjectifs, on utilise les noms auxquels on ajoute un y : sun / sunny ; cloud / cloudy...

Livret parents → **Corrigés** p. 24

Savoir

Je démarre !

Entoure les noms des 4 saisons parmi cette liste :

SUMMER	SUNDAY
WEATHER	WINTER
SPRING	SWING
AUTUMN	AUNT

- **Voici le nom des 4 saisons : The four seasons**

spring	summer	autumn	winter
(printemps)	*(été)*	*(automne)*	*(hiver)*

- **Et quelques mots de météo :**

sun

cloud

wind

storm

rain

snow

Savoir faire

- **Parler de la météo**

- Pour parler du temps qu'il fait, tu peux poser la question :
What's the weather like? *(Quel temps fait-il ?)*
- Pour répondre, tu peux utiliser :

It's sunny *(c'est ensoleillé)*
It's cloudy *(c'est nuageux)*
It's windy *(c'est venté)*
It's stormy *(c'est orageux)*
It's rainy *(c'est pluvieux)* ou it's raining *(il pleut)*
It's snowy *(c'est neigeux)* ou it's snowing *(il neige)*

1 * De quelle saison s'agit-il ?

a. .... b. .... c. .... d. ....

2 * Relie les photos à leur nom.

a.  •

b.  •

• sun •
• rain •
• cloud •
• snow •

• c. 

• d. 

3 * Réponds à la question pour chaque image : What's the weather like today?

a. .... b. .... c. .... d. ....

Bilan

4 ** Retrouve 11 mots de ce chapitre, entoure-les et recopie-les.

1. ....
2. ....
3. ....
4. ....
5. ....
6. ....
7. ....
8. ....
9. ....
10. ....
11. ....

S	A	W	I	N	D	S
S	U	M	M	E	R	U
P	T	N	R	A	I	N
R	U	S	N	O	W	N
I	M	W	I	N	D	Y
N	N	C	L	O	U	D
G	W	I	N	T	E	R

Je m'évalue

mon cahier spécial Dictées

Utilise ces pages pour écrire tes dictées.

é

UN AMI
UNE AMIE

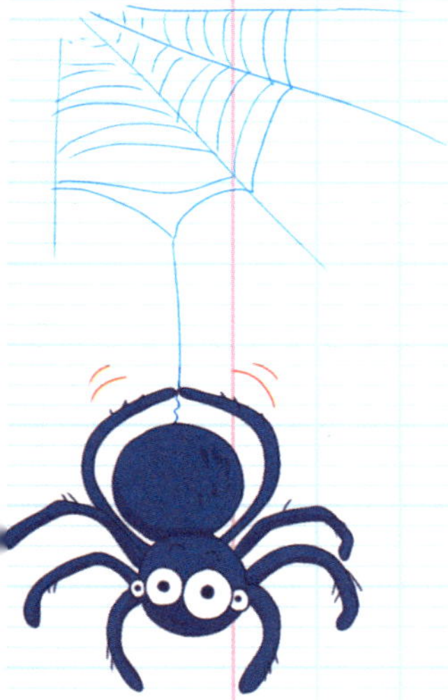

Crédits photographiques

p. 8 © Zbigniew Janusz Koby / Adobe Stock ; © Roman Samokhin / Adobe Stock ; © atoss / Adobe Stock ; © assja_sav / Adobe Stock ; © Africa Studio / Adobe Stock ; **p. 10** © Mariusz Blach / Adobe Stock ; © Robert Kneschke / Adobe Stock ; **p. 18** © Bashkatov / Adobe Stock ; **p. 24** © Gajus / Adobe Stock ; **p. 32** © TinPong / Adobe Stock ; **p. 36** © .shock / Adobe Stock ; **p. 42** © candy1812 / Adobe Stock ; **p. 47** © kameel / Adobe Stock ; **p. 50** © Taiga / Adobe Stock ; **p. 54** © Monkey Business / Adobe Stock ; **p. 60** © Fairymelody / Adobe Stock ; **p. 68** Ketsu / Shutterstock ; **p. 76** © emuck / Adobe Stock ; © pamela_d_mcadams / Adobe Stock ; **p. 77** © kpg_ivary / Adobe Stock ; **p. 78** © Pressmaster / Shutterstock ; **p. 82** © motorraddirk / Adobe Stock ; **p. 83** © antonel / Adobe Stock ; **p. 92** © fotomatrix / Adobe Stock ; © Eric Isselée / Adobe Stock ; © Ayupov Evgeniy / Adobe Stock ; **p. 94** © netaliem / Adobe Stock ; **p. 95** © higyou / Adobe Stock ; © Christian Musat / Adobe Stock ; © Sashkin / Adobe Stock ; © Denis Tabler / Adobe Stock ; **p. 109** © picsfive / Adobe Stock ; © Haver / Adobe Stock ; © volff / Adobe Stock ; **p. 111** © Dario Lo Presti / Adobe Stock ; © pixelrobot / Adobe Stock ; © Africa Studio / Adobe Stock ; © Jiri Hera / Adobe Stock ; © Marc Dietrich / Adobe Stock ; **p. 114** © UBE / Adobe Stock ; **p. 115** © mumemories / Adobe Stock ; © tish11 / Adobe Stock ; **p. 121** © Sergey Belov / Adobe Stock ; © andreanita / Adobe Stock ; © sborisov / Adobe Stock ; © Romolo Tavani / Adobe Stock ; **p. 122** © Pseudonym / Adobe Stock ; © Milosz Maslanka / Shutterstock ; © Dmitry Rukhlenko / Adobe Stock ; **p. 123** © Jankovoy / Adobe Stock ; © romantiche / Adobe Stock ; © mbruxelle / Adobe Stock ; **p. 124** © robert / Adobe Stock ; © den-belitsky / Adobe Stock ; © Jacobin / BSIP ; **p. 125** © den- blueringmedia / Adobe Stock ; **p. 126** © Nitr / Adobe Stock ; **p. 131** © BIS / Ph. Coll. Archives Larbor ; © BIS / Ph. Coll. Archives Nathan ; © Bridgeman Images ; © Photo Josse / Leemage ; **p. 132** © kai / Adobe Stock ; © Collection Dagli Orti ; **p. 133** © S. Grossman/Woodfin Camp / Cosmos ; © searagen / Adobe Stock ; © Bis / O. Ploton ; © Géraldine Royer / Fotolia ; **p. 134** © BIS / Ph ; **p. 136** © Xavier29 / Adobe Stock ; **p. 137** BIS / Ph. Hubert Josse © Archives Larbor ; BIS / Ph. Coll. Archives Larbor ; BIS / Ph. Coll. Archives Larbor ; BIS / Ph. Coll Archives Nathan ; **p. 138** Bibliothèque nationale de France, Paris © Bis / coll. Archives Larbor ; **p. 140** BIS / Coll. Archives Larbor ; **p. 142** BIS / Ph. Franz Jupp © Archives Larbor ; **p. 146** BIS / Ph. Jeanbor © Archives Larbor ; **p. 148** © Frédéric Legrand - COMEO / Shutterstock ; **p. 150** © olamiabo / Adobe Stock ; © sommai / Adobe Stock ; © dule964 / Adobe Stock ; **p. 151** © moofushi / Adobe Stock ; © yuriy_fotograf / Adobe Stock ; **p. 152** © mbongo / Adobe Stock ; © Dudarev Mikhail / Adobe Stock ; © herrerojorcas / Adobe Stock ; **p. 154** © Vely / Adobe Stock ; © Chanwit / Adobe Stock ; © photlook / Adobe Stock ; © yurakp / Adobe Stock ; **p. 156** © konoplizkaya / Adobe Stock ; © Anatoly Maslennikov / Adobe Stock ; © Martina Misar / Adobe Stock ; © Aleksandr Matveev / Adobe Stock ; **p. 158** © martinkubik / Adobe Stock ; © Christian Colista / Adobe Stock ; © Kitch Bain / Adobe Stock ; © Sirius125 / Adobe Stock ; **p. 159** © Albert / Adobe Stock ; © DoraZett / Adobe Stock ; © kjekol / Adobe Stock ; © gudkovandrey / Adobe Stock ; © Simone van den Berg / Adobe Stock ; © ganryu / Adobe Stock ; © Michael Robbins / Adobe Stock ; © KD_65 / Adobe Stock ; **p. 161** © Masamitsu / Adobe Stock ; © hcast / Adobe Stock ; © VD / Adobe Stock ; © patou / Adobe Stock ; © ssshy / Adobe Stock ; © jonnysek / Adobe Stock ; **p. 162-163** © Showcaze / Adobe Stock ; **p. 164** © stockphoto-graf / Adobe Stock ; © glyphstock / Adobe Stock ; **p. 165** © lexaarts / Adobe Stock ; © Valua Vitaly / Adobe Stock ; © Martin Hahn / Adobe Stock ; © Jaimie Duplass / Adobe Stock ; **p. 166** © koti / Adobe Stock ; **p. 167** © koti / Adobe Stock ; **p. 168** © Elena Schweitzer / Adobe Stock ; © ji_images / Adobe Stock ; © travelbook / Adobe Stock ; © Brent Hofacker / Adobe Stock ; **p. 172** © Syda Productions / Adobe Stock ; © Monkey Business / Adobe Stock ; **p. 173** © LIGHTFIELD STUDIOS / Adobe Stock ; © Syda Productions / Adobe Stock ; © Hogan Imaging / Adobe Stock ; © AlexanderNovikov / Adobe Stock ; © bolkan73 / Adobe Stock ; **p. 174** © Tono Balaguer / Adobe Stock ; **p. 175** © michelaubryphoto / Adobe Stock ; © Kheng Guan Toh / Adobe Stock ; © Mara Zemgaliete / Adobe Stock ; **p. 177** © Kristina / Adobe Stock ; © Светлана Валуйская / Adobe Stock ; © dionoanomalia / Adobe Stock ; **p. 179** © denis_333 / Adobe Stock ; © candy1812 / Adobe Stock ; © JulietPhotography / Adobe Stock ; © Konstiantyn / Adobe Stock ; © Torbz / Adobe Stock ; © Vera Kuttelvaserova / Adobe Stock ; © rangizzz / Adobe Stock ; © alicja neumiler / Adobe Stock ; © trendobjects / Adobe Stock ; © klagyivik / Adobe Stock ; © behindlens / Adobe Stock ; © Manok / Adobe Stock.

Création maquette : Josiane Sayaphoum
Création couverture : Cécile Gallou
Mise en pages : Fabienne Hélou
Édition : Laura Dherbecourt et Céline Martin
Infographie et cartographie : Vincent Landrin
Régie publicitaire : Com d'habitude publicité 05 55 24 14 03 contact@comdhabitude.fr

MIXTE
Papier issu de sources responsables
FSC® C022030

Bordas est un éditeur qui s'engage pour la préservation de l'environnement et qui utilise du papier fabriqué à partir de bois provenant de forêts gérées de manière responsable.

Imprimé par Loire Offset en France en 2018
N° projet : 10249066
Dépôt légal : décembre 2018

La France

Départements et territoires d'outre-mer (DROM)

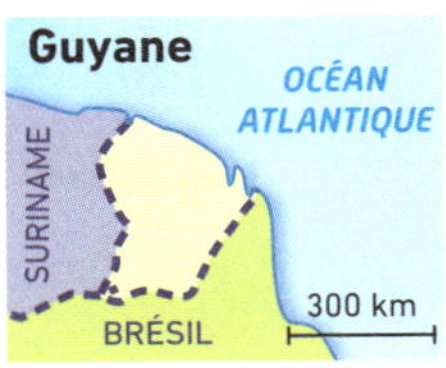

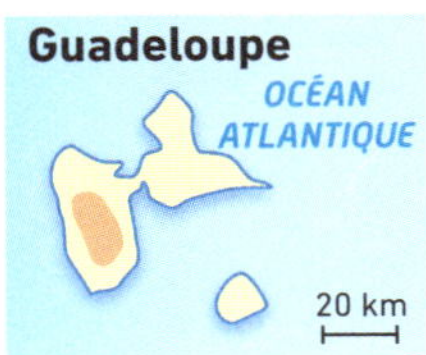

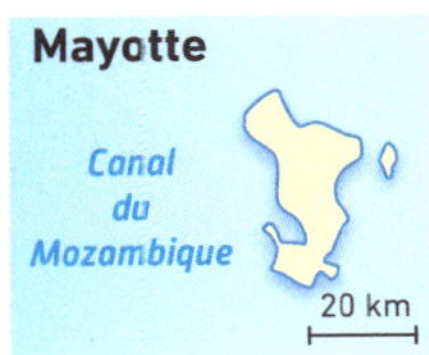

Des premiers hommes...

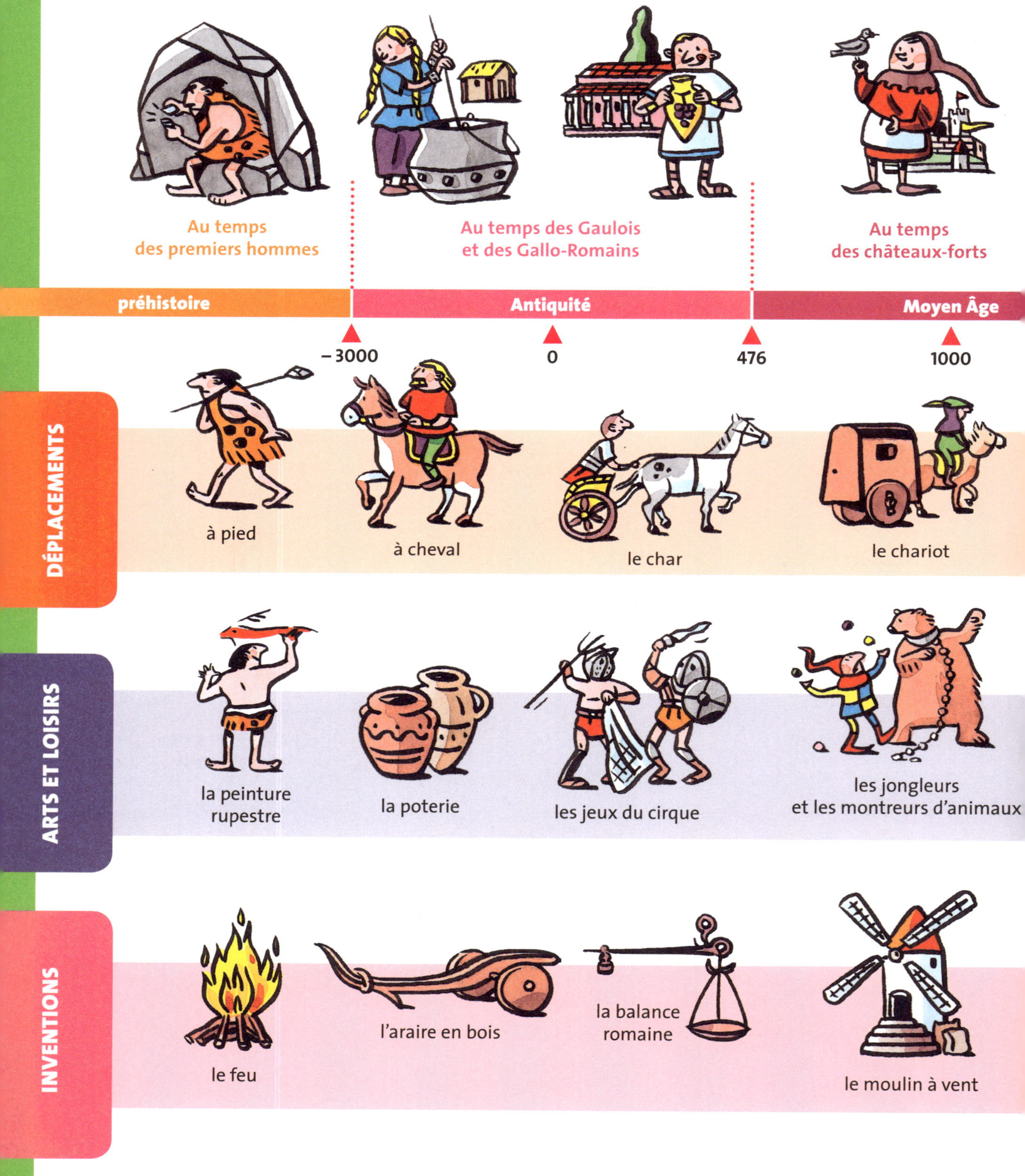